STATT Käse

Wie Du Käse ganz leicht ersetzen kannst

Gabriele Petra Nehls

© 2017 Gabriele Petra Nehls

anstattdessen.de

Herstellung und Verlag: BoD - Books on Demand, Norderstedt

ISBN: 978-3-7448-9107-3

Die Rezepte und Tipps in diesem Buch wurden von der Autorin nach bestem Wissen und Gewissen zusammengestellt. Für ihre Richtigkeit und Vollständigkeit kann die Autorin jedoch keine Haftung übernehmen. Auch für Schäden, welcher Art auch immer, die durch fehlerhafte Zubereitung, Anwendung oder unsachgemäße Umsetzung der Informationen entstehen, übernimmt die Autorin keine Haftung.

Die Rezepte, Tipps und Hinweise in diesem Buch ersetzen keinesfalls eine therapeutische oder medizinische Behandlung. Im Zweifelsfall sollte ein Arzt konsultiert werden.

Bibliografische Information der Deutschen Nationalbibliothek:
Die Deutsche Nationalbibliothek verzeichnet diese Publikation in der Deutschen Nationalbibliografie; detaillierte bibliografische Daten sind im Internet über http://dnb.dnb.de abrufbar.

Inhaltsverzeichnis

Vorwort

Liebe Leserin, lieber Leser,

ich freue mich, dass Du hergefunden hast. Dies ist das zweite Buch der anSTATTdessen-Ratgeber, die ergänzend zu den Themen auf meinem Blog "anSTATTdessen" erscheinen.

Ich verwende in diesem Buch das wertschätzende "Du" - genauso, wie ich es auch auf meinem Blog handhabe. Das hat nichts damit zu tun, dass ich unhöflich sein will oder Dich nicht ernst nehme. Vielmehr hat dies etwas mit der Perspektive zu tun. Ich bin Konsumentin und aus dieser Sicht heraus schreibe ich auch. Ich will weder lehren noch missionieren, ich teile lediglich mit, was ich erfahren und recherchiert habe - meine Wahrheit. Die Tipps und Hinweise in meinen Texten sollen Vorschläge sein, keine allgemeingültigen Wahrheiten.

Daraus ergibt sich eine gewisse Nähe zu meinen Lesern, die sich im "wertschätzenden DU" und dem teilweise umgangssprachlichen Stil ausdrückt. Ich bin mir dessen bewusst, dass der Duden es nicht zwingend vorschreibt, das "Du" groß zu schreiben, aber er verbietet es auch nicht ausdrücklich. Und selbst wenn er dies täte - es wäre mir egal.

Ich habe die Informationen in diesem Buch nach bestem Wissen und Gewissen recherchiert und zusammengestellt. Dennoch erhebe ich keinen Anspruch auf Vollständigkeit oder die absolute Wahrheit. Ebenso habe ich die hier vorgestellten Rezepte recherchiert, selbst ausprobiert, verfeinert und angepasst. Was für uns nicht funktioniert hat, hat auch keinen Platz im Buch bekommen. Das heißt allerdings nicht, dass es nicht für Dich funktionieren kann.

In diesem Sinne wünsche ich Dir viel Spaß beim Experimentieren.

Gabriele Nehls

Käse ersetzen - für Viele eine Herausforderung

Ich liebe Käse. Ich war lange Zeit der absolute Käsejunkie. Er war für mich Wurstersatz, Pizza ohne Käse war irrelevant, Nudeln brauchten dringend ein Käsetopping und das Camembertbrot gab der Brotzeit erst ihre Existenzberechtigung.

Selbst zu der Zeit, als ich schon fast alle Kuhmilchprodukte durch Pflanzenprodukte ersetzt hatte, war der Kuhmilchkäse für mich unglaublich wichtig. Ich gehörte zu den Leuten, die achselzuckend erklären: "Jaaa, ohne Fleisch ist es schon in Ordnung, das brauch ich nicht. Aber den Käse, nee, auf den könnte ich nie verzichten."

Das ging eine ganze Zeit so. Irgendwann jedoch fing ich an, mich darüber zu ärgern, dass Käse so wichtig war für mich. Versteh mich nicht falsch, das kam nicht von heute auf morgen. Eher war es eine schleichende Entwicklung. Zum Beispiel so: Frühstückstisch, leckere Käsewürfelchen auf dem Tisch. Ich stecke mir den ersten Würfel in den Mund und statt dem üblichen "Hmmmm ..." kommt ein leises fieses Stimmchen, das flüstert: "Ist das Zeug echt so gut? Gibt´s nicht auch was anderes, was so gut schmeckt?" Ich:"Lass mich in Ruhe, ich muss Käse essen." Stimmchen: "Okok, ich mein ja nur."

Dieses Stimmchen kam immer wieder. Und irgendwann war ich genervt genug, um nachzuhaken. Zuerst hab ich mir die Frage vorgenommen: Ist das Zeug echt so gut? Ich hab recherchiert.

Die Antwort war blöd (fand ich): "Ja, er ist echt lecker. Und jahaaa, er kann eine Menge Dinge. Aber ob er für Deinen Körper gut ist, das ist mehr als fraglich. Warum? Käse ist ein richtig begabter

Säurebildner. Er macht Deinen Körper sauer. Äh, versuchst Du nicht seit einiger Zeit genau das auszugleichen?"

Ups, stimmt. Also dachte ich genauer darüber nach und fand immer mehr persönliche Gründe, mich mehr mit dem Thema Käseersatz auseinanderzusetzen.

Zum Beispiel, dass der heutige Käse nicht mehr das wertvolle Lebensmittel sein kann, das er früher vielleicht einmal war. Unsere heutige Milch wird so intensiv bearbeitet, dass nicht mehr viele der wertvollen Nährstoffe drin sein können. Und wenn der Rohstoff des Käses nicht mehr die Qualität hat, wie kann dann der Käse noch die wertvollen Impfstoffe haben, die von der Milchwirtschaft genannt werden?

Zudem zwickte mich nun auch das schlechte Gewissen mehr und mehr. Käse ist Milch - und ein Leben in der heutigen Milchwirtschaft ist für niemanden ein Zuckerschlecken, zumindest nicht für Kuh und Kälbchen. Wollte ich das wirklich unterstützen? Nö, eigentlich nicht.

Inventur und Bilanz ziehen

Ok, also stand eine Inventur an (immer noch ziemlich wehmütig). Wo verwende ich Käse überall? Man muss ihn ja nicht gleich komplett rausschmeißen, nicht wahr?

Tja, die nächste (blöde) Erkenntnis: Ich verwende ihn überall. Viel zu viel. Und am meisten da, wo ich das gar nicht mitbekomme. In fast allen Gerichten, Gewürzen, Soßen - wenn nicht Milch als solches enthalten ist, dann ist Käse (also verarbeitete Milch, Casein oder Molke) drin.

All das zusammengenommen, hat mir buchstäblich mein Käsebrot verhagelt. Also habe ich mich entschlossen, auch den Käse durch pflanzliche Alternativen zu ersetzen. Dass ein Komplett-Verzicht nicht funktioniert, wusste ich ja noch von der Milch. Deshalb zog ich Bilanz, entschied mich für einen kleinen Bereich meines Käse-Universums und machte mich auf die Suche.

Dieser Entschluss führte mich direkt zur zweiten Frage des Stimmchens: Gibt es nicht irgendetwas anderes? Wie komme ich an taugliche Alternativen?

Die meisten Käseersatzprodukte im Handel schmeckten nach Schuhsohle und waren zudem aus Soja. Darauf hatte ich keine Lust. Selbst gemachte Rezepte waren mir durch die Bank zu kompliziert - ich wusste, drei Wochen Reifezeit mit Starterkulturen und dem ganzen Pipapo sind nicht mein Ding.

Auf der Suche

Tja, die Suche ging weiter und währenddessen habe ich weiter Käse gegessen. Wie gewohnt, aber bewusst, achtsam - ich habe immer wieder nachgesehen, was genau ich an diesem oder jenem Käse so liebe, hab mich durch Kindheitserinnerungen gewühlt und die Gefühle dazu aufgeschrieben.

Dann bin ich Käseart für Käseart durchgegangen. Zuerst kam der Reibekäse dran - denn das Überbacken war eines meiner wichtigsten Einsatzgebiete für Kuhmilchkäse. Der Hefeschmelz lief mir schon eine ganze Weile im Internet immer wieder über den Weg. Inzwischen habe ich diverse Alternativen zum Überbacken in meinen Alltag integriert mit Chips, mit Nüssen, mit Cashews oder ganz selten auch Hefeschmelz. Ich habe sie alle ausprobiert. Jede hat ihre Stärken und Schwächen.

Dann entdeckte ich MEINEN "Feta" und einen Grillkäse. Mozzarella und Parmesan ... aus Samen. Eine Käsesoße aus Gemüse. Und das Beste: Ich entdeckte Alternativen, die nicht wochenlang reifen müssen, die mir aber dennoch das Gefühl und einen ähnlichen Geschmack vermitteln, wie der Kuhmilchkäse es tut.

Auch heute esse ich noch Kuhmilchkäse. Aber sehr selten. Und wenn, dann wähle ich ihn bewusst. In den meisten Situationen ziehe ich jedoch die pflanzlichen Alternativen dem Kuhmilchkäse vor.

Kein Verzicht, eher Unabhängigkeit

Durch die Suche nach sinnvollen Alternativen bin ich unabhängiger geworden. Ich brauche weder Milch noch Käse von Kühen. Das ist neu, denn aufgewachsen bin ich mit der Überzeugung, dass eine Käsesoße oder eine Pizza eben Kuhmilchkäse in der ein oder anderen Form braucht. Hatte ich den nicht da, gab es diese Gerichte nicht. Und wie ist es heute? Tja, Kartoffeln und Gemüse hab ich meistens daheim. Samen und Getreide halten sich ewig, die hab ich ebenfalls immer da. Heute stellt sich die Frage: Was nehmen wir denn heute zum Überbacken? Meist gewinnt eine der pflanzlichen Alternativen - je nach Lust und Laune. Es ist einfacher geworden - und vielfältiger.

Geh auf die Reise

Ich möchte Dich ermutigen, auf die Reise zu gehen. Mach es Dir leicht - und sieh es als Abenteuer, als Spiel. Nimm Dir Zeit, experimentiere, sei neugierig und offen. Und wenn etwas nicht funktioniert für Dich, dann versuche etwas anderes.

Ich habe meine Lieblingsalternativen in diesem Buch zusammengefasst, so wie sie für mich und meine Familie im Alltag funktionieren.

Es gibt aber noch viel mehr - das Internet ist reich an Vorschlägen, Rezepten in allen Varianten und Informationen. Was für mich nicht funktioniert, mag für Dich vielleicht genau das Richtige sein. Dies ist erst der Anfang ...

Warum Verzicht nicht funktioniert

Ich rate Dir nicht, den Käse einfach wegzulassen. Warum? Weil es nicht funktioniert. Ich meine, auf Dauer.

Es gibt Leute, die sagen: Wenn man sich gesünder ernähren will, vegan leben will, die Tiere und Umwelt schonen will, dann sollte man sich doch auch ein bisschen anstrengen, oder?

Jepp, sollte man. Aber man sollte seine Anstrengungen so fokussieren, dass auch dauerhaft ein Erfolg dabei herauskommt. Und wenn man eine Ernährungsumstellung auf Verzicht aufbaut, dann wird es nicht von Dauer sein.

Für Viele ist Käse ein fester Bestandteil ihrer Ernährung. Wir streuen ihn über Nudeln, legen ihn aufs Brot, zahlen einen Euro mehr für die Semmel, wenn sie mit Käse überbacken ist (wobei dies in vielen Fällen nicht einmal echter Käse ist). Die Spätzle werden mit Käse zur Spezialität, das Sushi wird mit Frischkäse gerollt oder der Grill wird statt mit Fleisch mit Grillkäse belegt. Machen wir uns nichts vor: Der Käse ist überall.

Wenn Du eine Speise, die so oft in der Ernährung vorkommt, einfach weglässt, dann hinterlässt das ein riesiges Loch. Nicht, weil Du auf einmal nichts mehr zu essen hast. Die meisten Gerichte könntest Du ja auch locker ohne Käse essen (naja, Käsespätzle ohne Käse sind dann schon irgendwie … einfach nur noch Spätzle, das geb ich zu.). Aber Deine Pizza würde theoretisch auch ohne Käse funktionieren, nicht wahr? Ebenso die Brotzeit. Es gibt also Ausweichmöglichkeiten. Verhungern würdest Du nicht. Du würdest halt verzichten.

Verzicht piekst permanent

Das Loch, das der Käse hinterlässt, heißt Erinnerung. Du hast seit Du denken kannst Käse gegessen. Du hast Erinnerungen (manchmal auch solche, an die Du Dich noch nicht einmal bewusst erinnern kannst) an ihn und an die Momente, in denen Du Käse genossen hast. Und es sind nicht die schlechten Erinnerungen, die uns ins Loch schubsen, sondern die guten. Die lustige Party mit den Blätterteig-Käse-Taschen. Der gemütliche Hüttenabend mit dem Käsefondue. Jede Erinnerung hat solche Beispiele zu bieten.

Diese Erinnerungen werden aktiv, wenn Du im Supermarkt an der Käsetheke vorbei gehst oder Dir Pizza belegst. Jedes Mal piekst Dich der Verzicht. Meist geschieht das nicht einmal bewusst. Und es ist zu Anfang kaum wahrnehmbar. Aber es summiert sich.

Und genau deshalb funktioniert es nicht, den Käse (oder Milch oder Fleisch oder Zucker oder sonst etwas) "einfach" wegzulassen. Das heißt, es funktioniert schon, aber es ist harte Arbeit. Wenn Du es mit der Verzicht-Methode versuchst, gestaltet sich das gesamte Projekt der Ernährungsumstellung wesentlich schwieriger, als es sein muss. Es gibt einen leichteren Weg.

Wenn nicht weglassen - was dann?

Es ist wesentlich leichter, den Weg der Bewusstheit einzuschlagen. Das klingt jetzt vielleicht erst einmal ein wenig abgehoben, ist aber im Grunde sehr bodenständig.

Auf Deinen Käsekonsum übertragen bedeutet das nichts anderes, als dass Du erst einmal weiterhin Käse aus Kuhmilch isst - nur mit dem Unterschied, dass Du es eben bewusst machst: Lerne den Kuhmilchkäse besser kennen, stelle fest, was Du an ihm magst, was Dich an ihm stört und was er für Dich tut. Prüfe noch einmal, ob, in welchem Maße und warum Du den Kuhmilchkäse ersetzen willst. Triff eine Entscheidung. Und dann suche Dir Lebensmittel, die dasselbe für Dich tun können wie der Kuhmilchkäse.

Informiere Dich über das, was Du ersetzen willst

Ich rate Dir, den Kuhmilchkäse besser kennenzulernen, auch wenn Du ihn schon einige Zeit meidest. Nur wenn Du das verstehst, was Du ersetzen willst, kannst Du die für Dich funktionierenden Alternativen finden. Es ist leichter, wenn Du weißt, WAS Du da eigentlich ersetzt.

Was ist Käse?
Wie wird er hergestellt?
Welche Nährstoffe bekommst Du durch ihn?
Was macht er mit Deinem Körper?

Deine persönlich Käse-Inventur

Durch die bewusste Beschäftigung mit dem Kuhmilchkäse legst Du die Basis für den nächsten Schritt - für Deine persönliche Käseinventur. Ein Unternehmen sichtet im Rahmen der jährlichen

Inventur seinen Lagerbestand. Du sichtest in Deiner Käse-Inventur Deine Motive - die persönlichen und auch die moralischen. Das sind unter anderem die Gründe, warum Du überhaupt darüber nachdenkst, den Käse zu ersetzen. Du guckst Dir aber auch jene Teile von Dir an, die für den Kuhmilchkäse plädieren, jene Bereiche, die flüstern, dass es niemals irgendetwas ähnlich Leckeres wie Nudeln mit Gorgonzola geben wird. Beide Seiten sind wichtig, damit Du Bilanz ziehen kannst.

Folgende Fragen könnten für die Inventur hilfreich sein:

- Was hat der Käse bisher für mich getan?
- Welches Gefühl taucht in mir auf, wenn ich dies jetzt esse?
- Welche Erinnerungen tauchen auf?
- Was genau liebe ich so sehr an diesem Käse?
- Den Geschmack? Das Gefühl im Mund? Das Aussehen dieses Lebensmittels (das Auge isst ja mit)? Den Geruch? Seine Wirkung auf meinen Körper?
- Welches Gefühl habe ich, wenn ich den Käse gegessen habe?
- Wie geht es mir mit dem Gedanken an Massentierhaltung?
- Geht es meinem Körper gut, wenn ich Käse esse?

Im ersten Moment mag dieses Vorgehen nervig klingen. Und glaub mir, dass ist es die ersten Male auch. Wir sind es nicht gewohnt, bewusst zu essen. Wir spüren im allgemeinen nicht nach und hinterfragen auch nicht, warum wir etwas essen.

Meiner Erfahrung nach wird es aber schnell zur Gewohnheit. Und es hat große Vorteile, wenn Du ein bisschen durchhälst. Du holst damit Dein Unterbewusstsein mit an Bord.

Ein wertvoller Verbündeter: Dein Unterbewusstsein

Bei einer Ernährungsumstellungmischt sich immer auch das Unterbewusstsein ein. Wenn dieses sich querstellt - dann kannst Du Dich auf den Kopf stellen und mit den Ohren wackeln, Du hast keine Chance auf eine spielerische und leichte Umsetzung Deiner Pläne. Das ist ärgerlich, ich weiß. Aber es lässt sich nicht ändern. Wir alle erleben dieses Phänomen tagtäglich, oder nicht?

Dennoch ist Dein Unterbewusstsein nicht Dein Feind (auch wenn es manchmal den Eindruck macht). Im Prinzip will es nichts anderes, als Dich zu schützen und für Dein Wohlergehen zu sorgen. Die Krux ist, dass ein Unterbewusstsein komplett andere Kriterien ansetzt, als ein bewusster Verstand. Kriterien, die uns oft ziemlich bescheuert vorkommen - aber es nutzt nichts. Du kannst Dich entweder dagegen sperren (dann wird´s anstrengend) oder auf seine Eigenheiten eingehen. Hat es einmal zu Deinen Plänen genickt, übernimmt es viele Aufgaben automatisch. Wenn Du die Unterstützung Deines Unterbewusstseins gewonnen hast, dann passieren magische Dinge. Beispielsweise kann es sein, dass Dir im Supermarkt genau die pflanzlichen Käseprodukte auffallen, die Deine Kriterien erfüllen. Oder Dir flattern die passenden Rezepte ins Haus. Gleichzeitig kann das Unterbewusstsein auf elegante Weise all die verlockenden Marketingfallen für Dich einfach ausblenden. Hast Du es erst einmal in Deinem Team, dann geschehen diese "Zufälle" automatisch. Einfach so ...

Auf diese Weise wirst Du später genau die richtigen Alternativen finden und es kann sein, dass der Käseumstieg fast von alleine geht.

Bewusste Entscheidungen treffen

Bis jetzt hast Du Dir die nötigen Hintergrundinformationen besorgt, hast Deine persönliche Beziehung mit dem Kuhmilchkäse hinterfragt und Deine Motive geprüft. Nun geht es an die Entscheidungen. Mit welchem Käsejob oder welcher Käseart willst Du anfangen? Such Dir was aus.

Überbacken? Hartkäse? Frischkäse? Camembert? Parmesan? Mozzarella?

Wenn Du weißt, womit Du anfangen willst - nehmen wir einfach einmal den Parmesan -, dann frage Dich:

Will ich Tiermilch-Parmesan wirklich durch eine pflanzliche Alternative ersetzen?

Wenn die Antwort ja ist, dann triff noch einmal die ganz bewusste Entscheidung DAFÜR - auch wenn Du möglicherweise noch keinen blassen Schimmer hast, was Dir den Parmesan ersetzen könnte. Egal. Vergiss nicht, Du hast Dein Unterbewusstsein mit im Team. Das ist Experte dafür Dinge zu finden, die unser Verstand vergeblich sucht.

Es ist wichtig, dass Du Dich FÜR etwas entscheidest. Sich gegen Kuhmilchkäse zu entscheiden, macht keinen Sinn. Die Energie folgt der Aufmerksamkeit - also festigst Du durch eine Entscheidung gegen etwas immer nur die Situation wie sie bislang war.

Wie viel Zeit willst Du investieren?

Nun bleibt nur noch ein Faktor, über den Du Dir bewusst werden darfst: die Zeit.

Wie viel Zeit willst Du für Alternativen aufwenden? Kaufen oder selber machen? Oder gemischt?

Es ist wichtig, dass die Alternativen in Deinen Alltag passen. Klar, es geht wesentlich schneller, mal eben einen Pflanzenkäse einzukaufen, als ihn selber zu machen. Dafür hast Du beim Selbstgemachten das Ruder in der Hand - zum Beispiel was die Zutaten oder den Geschmack angeht.

Nun hast Du eine umfassende Inventur durchgezogen und bist gerüstet. Du weißt, was Käse eigentlich ist. Du weißt, wann Du ihn konsumiert hast. Du weißt, was Du von einem Käse erwartest. Und Du weißt, was er mit Dir macht. Du hast alle Informationen, die Du brauchst, um Dich in den Dschungel der pflanzlichen Milchprodukte zu stürzen. In unserem Fall war ja Parmesan das Beispiel, also bleiben wir dabei.

Die Suche nach den Alternativen

Zunächst einmal isst Du Parmesan wie gewohnt weiter. Beim nächsten Gang in den Supermarkt schaust Du jedoch gezielt nach pflanzlichem Parmesan. Sei neugierig. Was gibt´s da alles? Lies die Zutatenlisten. Und wenn Dich ein Produkt anspricht, probiere es aus. Gleichzeitig kannst Du die Rezepte hier im Buch ausprobieren - und Du kannst auch das Internet bemühen. Es gibt unglaublich viele pflanzliche Ausweichmöglichkeiten - für jede Käseart. Behalte dabei Deine Kriterien im Hinterkopf.

Such Dir kulinarische Alternativen, die Dir ein ähnliches Erlebnis und ähnliche Gefühle bieten wie Parmesan aus Kuhmilchkäse und prüfe sie. Experimentiere Dich durch die vielen Angebote, mach ein Abenteuer daraus. Damit bist Du eine ganze Weile beschäftigt, glaube mir.

Und wenn Du Lust hast, dann nimm Dir eine weitere Käseart vor - Camembert zum Beispiel. Oder Frischkäse. Was auch immer. Die Reihenfolge spielt wahrlich keine Rolle. Und Du bist nicht im Zeitdruck, zieh das Projekt in Deiner eigenen Geschwindigkeit durch.

Ersetze die einzelnen Jobs des Käses Schritt für Schritt. Einen Job nach dem anderen. Wenn Du willst, begleite ich Dich auf den nächsten Seiten durch die vorbereitende Inventur.

Zunächst erhältst Du einige Hintergrundinformationen, die Du zu Kuhmilchkäse brauchst. Danach führe ich Dich noch etwas ausführlicher durch die Käseinventur, dann gebe ich Dir allgemeine Tipps zum Leben mit pflanzlichen Käsealternativen und zum Schluss verrate ich Dir einige Rezepte, die für uns als Familie (jeder gut ausgestattet mit Dickschädel und einem sehr eigenen Geschmack) funktionieren. Es geht einfacher als Du denken magst.

1. Schritt: Lerne Kuhmilchkäse besser kennen

Was ist Käse eigentlich?

Käse besteht im Wesentlichen aus Milch - und die besteht aus Wasser, Milchzucker, Fett und Eiweiß. Den Rest machen Vitamine, Mineralstoffe, etc. aus. Das Eiweiß des Käses ist zum größten Teil Kasein, das einzigartige Eigenschaften hat. Ohne Kasein wäre Käse nur halb so beliebt. Und dass Kuhmilchkäse beliebt ist, daran besteht kein Zweifel. Man braucht sich nur umsehen.

Um ein Kilo Käse herzustellen, benötigt man je nach Art zwischen 4 und 13 Liter Milch. Bei manchen Käsearten auch mehr. Im Jahr 2014 wurden laut Aussagen des Milchindustrie-Verbandes pro Kopf in Deutschland 24,5 Kilo Käse verbraucht. Berücksichtigt man, dass nicht alle Bundesbürger Käse essen, liegt der Verbrauch bei den tatsächlichen Käse-Liebhabern noch um einige Kilo höher.

Die Käsegruppen - Wegweiser zu den richtigen Alternativen

Insgesamt soll es über 5.000 Käsesorten geben und es werden täglich mehr. Für unsere Zwecke reicht es zum Glück, wenn wir uns die einzelnen Käsegruppen ein wenig genauer ansehen, denn daran orientieren sich unsere Alternativen. Die Käsegruppen sind nach dem Wassergehalt des jeweiligen Käses eingeteilt. In Deutschland definiert man sechs verschiedene Gruppen.

- Hartkäse
- Schnittkäse
- halbfester Schnittkäse
- Sauermilchkäse
- Weichkäse
- Frischkäse

Außerdem gibt es noch die Pasta Pilata und den Schmelzkäse - zwei Sonderformen, die noch einige zusätzliche Herstellungsschritte durchlaufen müssen, bevor sie in die Läden kommen.

Festgelegt wird dies in der offiziellen Käseverordnung, die nicht nur die allgemeine Einordnung der Käsesorten in die Gruppen regelt, sondern auch deren Fettgehalt, die rechtlichen Definitionen, die Herstellung (manchmal sogar bis hin zur Festlegung der verwendeten Gewürze). Sie legt auch fest, was oder wer sich Käse nennen darf. Kleiner Hinweis: Die hier vorgestellten "Käse" dürfen sich selbst alle nicht so nennen. Aber ich darf sie so nennen, denn ich schreibe als Konsumentin und verkaufe sie nicht. Diese Einschränkungen gelten vor allem für den Vertrieb fertiger Käseersatzprodukte.

Wie wird Kuhmilchkäse hergestellt?

Das Prinzip der Käseherstellung hat sich seit Tausenden von Jahren nicht verändert. Die Herstellung funktioniert im Prinzip immer noch genauso wie früher.

Käse entsteht, wenn Milch eindickt und sich die festen Bestandteile (Eiweiß, Fett, Milchzucker und Mineralstoffe) von der flüssigen Molke absetzen. Es sind im Grunde drei Schritte, die für die Käseherstellung relevant sind:

1. Schritt: Prüfen, haltbar machen, Fettgehalt anpassen

Die Milch wird zunächst einmal geprüft, pasteurisiert (erwärmt) und in ihrem Milchfett eingestellt. Je nach Fettgehalt des Käses wird Milchfett entweder abgesaugt oder zugesetzt.

2. Schritt: Milch eindicken

Danach wird die Milch "eingedickt", wie es der Fachmann nennt. Das ist der Zeitpunkt, an dem die meisten Käse auch aus der vegetarischen Schublade rauspurzeln. Denn zum "eindicken" braucht man etwas, das das Eiweiß gerinnen lässt.

Im allgemeinen wird das mit Lab gemacht, einem Enzym aus dem Kälbermagen. Es gibt jedoch auch andere Arten, die Milch stocken zu lassen: Entweder die mikrobielle Methode mittels gentechnisch veränderter Mikroorganismen oder auch pflanzliche Alternativen.

3. Schritt: Von der Molke trennen, trocknen und reifen lassen

Das Ziel der Verwendung von Lab ist - egal in welcher Form - auf jeden Fall immer das Gleiche. Die Milch soll stocken, eindicken. Die flüssige Molke setzt sich vom Rest der Milch ab und es entsteht ein dicker "Teig".

Dieser Teig ist der eigentliche Käse. Die Molke ist im Grunde ein Abfallprodukt. Der Teig wird gewürzt, gepresst, nochmal getrocknet - und dann liegen gelassen. Der Käse soll reifen. Während dieser Zeit wird die austretende Flüssigkeit weiterhin aufgefangen und es wird akribisch auf die Temperatur geachtet. Die Reifung ist wichtig für den Geschmack des Käses.

Zurück bleibt der Käse - je nach Flüssigkeitsverlust nennt man ihn jetzt Weich- oder Hartkäse. Die Härte des Käses hängt auch davon ab, wie lange der Käse reifen darf. Frischkäse braucht gar keine Reifung, Sauermilchkäse, wie Harzer Roller oder Stangenkäse, reift oft nur einige Tage. Weichkäse wie Butterkäse wird zwei bis drei Wochen liegen gelassen, Schnittkäse wie Edamer muss laut deutscher Käseverordnung mindestens fünf Wochen reifen und richtiger Hartkäse wartet mindestens drei Monate bis hin zu mehreren Jahren auf seinen Auftritt.

Ist Käse vegetarisch?

Käse ist für viele Vegetarier der Wurstersatz schlechthin. Dabei passen die meisten Kuhmilchkäse absolut nicht in die Vegetarierschublade, denn für die Herstellung wird Kälbermagen gebraucht, genauer gesagt Lab. Das ist ein Enzymgemisch (Chymosin und Pepsin) aus dem Magen des Kalbes. Je jünger das Kälbchen ist, wenn es seinen vierten Magen abgibt, und je weniger andere Nahrung als Muttermilch es zu sich genommen hat, desto besser ist die Labqualität. Klar, dass das Kalb es nicht überlebt, wenn ihm ein Enzym seines Magens extrahiert wird.

Alle Säugetierbabies haben übrigens so eine Enzymmischung parat, solange sie Muttermilch trinken. Sie ist perfekt abgestimmt auf die Zusammensetzung der jeweiligen Muttermilch. Bei Menschenbabys heißt dieses Milchverdauungsenzym zum Beispiel Chymotrypsin B. Mit zunehmenden Alter verschwindet dieses Enzym. Es wird ja auch nicht mehr gebraucht, wenn das Baby feste Nahrung verdauen kann.

Diese Verdauungsenzyme kommen NUR in den Mägen der Säugetier-Babys vor. Sie brauchen diese Enzyme, um die Muttermilch gut verträglich zu machen. Deshalb eignet sich Lab ja so gut zur Käseherstellung, denn es ist das Verdauungsenzym des Kuhbabies. Es dickt das Eiweiß der Kuhmilch, also das Kasein, ein - ohne es sauer zu machen.

Das Lab ist natürlich praktisch. Kälber gibt es ja im Überangebot. Denn der Körper einer Kuh gibt dann Milch, wenn sie Babys hat, Kälbchen halt. Diese Kälbchen-Körper sind darauf ausgerichtet, die Muttermilch zu verdauen. Dürfen sie aber nicht, weil die Milch ja anderweitig verwendet wird - für die Käseherstellung zum Beispiel.

Heutzutage sind die Kälbchen für die Labgewinnung meist zwischen 2 und zehn Tage alt.

Ob man das eklig findet oder nicht, das muss jeder für sich selbst entscheiden. Die meisten Käseliebhaber nicht einmal. Übrigens gibt es auch noch andere Wege, um die Milch einzudicken.

STATT Lab

Eine andere Methode, die Milch einzudicken, ist jene mit Milchsäurebakterien. Sie wandeln den Milchzucker in Milchsäure um, und dadurch setzt sich das Eiweiß von der Flüssigkeit in der Milch (der Molke) ab. Doof ist, dass Milchsäurebakterien die Milch halt auch sauer machen - und das ist nicht in jedem Fall gewollt. Aus der Fermentation mit Milchsäurebakterien entsteht zum Beispiel Frischkäse, der ja sowieso ein bisschen säuerlich schmeckt.

In früheren Zeiten hatten die Menschen noch einmal andere Zutaten, um die Milch einzudicken. Kälbchen waren damals wertvoller, wenn sie lebten. Deshalb kam eine Schlachtung nicht oft in Frage. Die Menschen produzierten früher nicht diese abartigen Massen an Tieren, Milch und Käse. Die Menschen früher wussten zudem noch mehr über die Pflanzen ihrer Umgebung und so wussten sie auch, dass für diese Aufgabe ein Kraut gewachsen war.

In früheren Zeiten wurde beispielsweise sehr häufig Labkraut verwendet. Dieses Wildkraut wächst in unseren Breitengraden überall. Man kennt es als "Echtes Labkraut" und als "Klettlabkraut". Es hat ebenfalls ein Enzym in sich, das die Milch stocken lässt, ergibt aber einen anderen Geschmack als Tier-Lab. Dennoch hat es offensichtlich wunderbar geklappt, denn noch heute wird eine bestimmte Käsesorte in Schottland so hergestellt, der Double Gloucester.

In südlicheren Gefilden verwendeten die Menschen den Saft von Feigenblättern, um die Milch einzudicken. Weitere Labaustauschstoffe, die ihren Job ebenso gut erledigen, sind Papayasaft, Artischockenblüten oder Eberwurz.

Mikrobielle Fermentierung

Manche Käsesorten werden auch mikrobiell fermentiert. Dabei werden Schimmelpilze dazu gebracht, die nötigen Enzyme zu produzieren. Geht auch - und es macht geschmacklich keinen Unterschied. Darüber hinaus wird die Verwendung von gentechnisch veränderten Mikroorganismen als Enzymlieferanten für die Fermentierung immer beliebter - zumindest bei den Herstellern.

Deklaration nicht verpflichtend

Dummerweise haben wir Konsumenten meist keine Chance, unseren Käse aufgrund des Herstellungsverfahrens auszuwählen. Es muss nicht auf der Verpackung angegeben werden, mit welchem Enzym die Milch für den Käse eingedickt wurde. Während es den Einen schüttelt, wenn er sich vorstellt, dass Kälbermagen für den Käse verwendet wurde, findet der andere die Vorstellung fies, dass Schimmelpilze das Enzym fürs Eindicken geliefert haben. Es ist also eine durchaus wichtige Information.

Der Gesetzgeber hält dies allerdings nicht für nötig. Manche Hersteller geben auf der Verpackung dennoch einen Hinweis auf Herstellung mit mikrobiellem Lab. In diesem Fall ist es eine PR-Maßnahme, da viele Vegetarier gezielt nach solchen Käsearten suchen.

Wie kommt der Schimmel in den Käse?

Schimmel ist eigentlich ein untrügliches Zeichen, dass ein Lebensmittel für den menschlichen Körper unbekömmlich ist. Das liegt daran, dass die Ausscheidungen der meisten Pilzkulturen giftig sind.

Einige Schimmelpilze sind jedoch eher hilfreich. Und manche Leute behaupten, sie sind auch wohlschmeckend. Käsesorten wie Camembert oder Gorgonzola erfreuen sich nicht umsonst großer Beliebtheit. Es ist also durchaus eine interessante Frage, wie dieser Schimmel denn eigentlich in den Käse kommt, zumal sich diese Prozedur auch auf pflanzliche Käsekreationen übertragen lässt.

Will man einen Schimmelkäse erzielen, werden bestimmte Pilzkulturen der Käsemasse zugesetzt. Noch vor oder während der Reifung. Man sagt, der Käse wird pikiert. Meistens nimmt man Pilze aus der großen Gruppe der Penicillien. Es funktionieren nur ganz bestimmte Pilze - und diese wurden auch eher durch Zufall entdeckt, der Penicillium roqueforti beispielsweise.

Zum Einen sorgen diese Pilze für einen ganz besonderen Geschmack, zum Zweiten verlängern sie die Haltbarkeit und zum Dritten futtern die Pilze den Milchzucker, der im Käse noch enthalten ist, auf. Mit anderen Worten, die meisten Schimmelkäse sind frei von Laktose.

Übrigens verrichten diese Schimmelpilzarten auch mit pflanzlichem Käse ihre Arbeit. Es funktioniert wunderbar, einen Camembert beispielsweise aus einem Cashewweichkäse herzustellen. Es ist aufwendig, dauert mindestens drei Wochen, man braucht einen Platz mit ausgeglichenen Temperaturverhältnissen, aber es klappt - und schmeckt.

Nährstoffe von Kuhmilchkäse und seine Wirkung auf unseren Körper

Liest man die Aussagen der Molkereien und Lebensmittelhersteller, so ist Käse ein Lebensmittel mit extrem hohem Nährwert.

Vor allem Proteine, Calcium und Fette werden immer wieder genannt. Im Wesentlichen besteht Kuhmilch aus Wasser (ca. 87 Prozent), Milchzucker (ca. 4,6 Prozent), Fett (ca. 3,5 Prozent) und Eiweiß (ca. 3,2 Prozent). Den Rest machen Vitamine, Mineralstoffe, etc. aus. Da der Käse aus Milch besteht, sagen diese Zahlen schon eine ganze Menge über den Käse aus. Denn auch er hat diese Grundbausteine in sich, wenn auch in anderen Mengenverhältnissen.

Milcheiweiß

Du kennst Eiweiß auch unter der Bezeichnung Proteine - und wahrscheinlich weißt Du auch, dass die Proteine eng mit den Aminosäuren zusammenhängen, die der Körper braucht. Das Eiweiß der Milch teilt sich auf in 80 Prozent Casein und 20 Prozent Molkeprotein.

Das Eiweiß, also das Protein, braucht der Körper, um es (vereinfacht gesagt) in Aminosäuren aufzuspalten. Es sind 20 natürliche Aminosäuren bekannt, 19 davon hat die Milch zu bieten. Das ist ein ziemlich guter Schnitt.

Acht Aminosäuren sind "essentiell", das heißt, der Körper kann sie nicht selbst herstellen. Er muss sie also über die Nahrung aufnehmen. Aus Aminosäuren baut sich der Körper dann wieder eigene Proteine. Die wiederum braucht er, um - naja, er braucht sie eigentlich für so gut wie alles: für den Aufbau der Zellen und deren Erneuerung, um die Körperfunktionen aufrecht zu erhalten, für den Stoffwechsel, für das Immunsystem, für die Muskeln und für vieles mehr.

Im Käse ist dasselbe Eiweiß enthalten, wie in der Milch - nur ein bisschen weniger. Die Molkenproteine sind nämlich weg - klar, weil die Molke ja abgetrennt wurde. Die Molkenproteine machen zwar nur etwa 20 Prozent der milcheigenen Proteine aus. Dafür gilt die Molke als wesentlich nährstoffreicher als das Casein.

Fette

Hast Du schon einmal den Begriff "Lipide" gehört? Das sind Fette. Im Vergleich zur Milch hat der Käse anteilsmäßig mehr Fett. Er hat während seiner Wandlung von Milch zu Käse ja auch eine Menge Wasser verloren. Die Fette gehen nicht in die Molke über, sondern bleiben am Casein kleben. Da man nie genau sagen kann, wie viel Wasser der Käse während der Produktion und der Reifezeit verloren hat und immer noch verliert, wird der Fettgehalt als "Fett i. Tr." ausgewiesen. Das ist der Fettgehalt, der übrigbleibt, wenn man das gesamte Wasser abzieht.

Kohlehydrate

Milchzucker = Laktose = Kohlenhydrate. Mit diesen ist es nicht so schrecklich weit her im Käse, weil der Milchzucker aus der Milch weitgehend in der Molke bleibt. Wenn dann noch ein Schimmelpilz zugesetzt wird, verbleibt so gut wie keine Laktose mehr im Käse. Das sind dann die Käsesorten, die auch für Menschen mit Laktoseunverträglichkeiten geeignet sind.

Calcium

Das Calcium ist das wichtigste Argument für Käse. Der Tagesbedarf an Calcium für einen Erwachsenen liegt laut DGE, der Deutschen Gesellschaft für Ernährung, bei etwa 1000 mg. 30 g Emmentaler beispielsweise enthalten etwa 300 mg Calcium. 100 g Milch enthalten etwa 125 mg Calcium, also ist der Tagesbedarf an Calcium theoretisch mit 100 g Emmentaler oder knapp einem Liter Milch gedeckt.

Vitamine und Mineralien

Dass die Molke vom Käse nun getrennt ist, mag für Laktoseunverträglichkeiten toll sein - für den Vitamin- und Nährstoff-Gehalt des Käses ist das eher doof. Denn die Vitamine und Mineralien gehen weitgehend in die Molke über.
Weniger als 1 Prozent der Milch entfällt auf Mineralien und Vitamine und dies trifft auch auf den Käse zu, nur halt in konzentrierter Form - minus den Anteilen, die mit der Molke abgetrennt werden. Da bleibt nicht mehr so wahnsinnig viel übrig.

Neben dem Calcium enthalten Milch und Käse unter anderen Eisen, Natrium, Kalium, Magnesium, Zink, Jod und Phosphor. An Vitaminen bringen Milch und Käse Vitaminen A, C, D, E, H, K, die B-Vitamine 1,2,6 und 12 sowie Nikotinsäureamid und Pantothensäure mit.

Je nach Verarbeitung der Milch wird der Anteil der verschiedenen Stoffe höher oder niedriger. Da manche Vitamine zum Beispiel sehr hitzeempfindlich sind, verflüchtigen sie sich schon bei der Pasteurisierung. Und Kuhmilch muss, bis aus ihr Käse wird, eine Menge Verarbeitungsschritte durchlaufen.

Ich bin keine Lebensmittelchemikerin und ich habe auch kein Labor daheim, aber ich frage mich schon, wie viele der oben genannten wertvollen Inhaltsstoffe all diese Bearbeitungsschritte überleben. Sehr viele werden das nicht mehr sein, so viel steht fest. Dennoch geben uns diese Zahlen einen Anhaltspunkt, was wir von unseren Alternativen an Nährstoffen erwarten dürfen. Nur wenn sie uns die genannten Nährstoffe liefern, eignen sie sich dauerhaft als Alternative.

Die Wirkung von Käse auf unseren Körper

Auf der einen Seite enthält Käse durchaus hochwertige Nährstoffe. Sieht man sich die Angaben an, könnte man meinen, es sei extrem verwerflich, auf Käse zu verzichten. Auf der anderen Seite muss er sich - wie eben die Milch auch - einige kritische Fragen gefallen lassen.

Denn es gibt nicht wenige "Miesmacher", die mahnen, dass wir durch den Konsum von Milch und Käse mehr Calcium verlieren als gewinnen. Zu den "Miesmachern" gehören zum Beispiel die Yale-Universität oder auch Harvard in den USA. Hm, das sind durchaus namhafte Quellen, oder?

Was ist deren Argument? Tierische Eiweiße sind Säurebildner im Körper. Durch zu viel Milch kann der Körper übersäuern (was angesichts unseres hohen Milchkonsums ziemlich wahrscheinlich ist). Tja, und bei Übersäuerung löst der Körper Calcium aus den Knochen, um die Säure wieder zu neutralisieren. Das heißt, mit Käse- und Milchkonsum bekommt der Körper zwar eine Menge Calcium, gerät aber ins saure Millieu und muss das erhaltene Calcium gleich wieder verbraten, um basischer zu werden.

Auch bei den Proteinen gibt es scheinbar einen Haken. Es ist zwar viel Protein im Kuhmilchkäse enthalten, dieses besteht jedoch hauptsächlich aus Casein. Hatten wir ja schon. Das Casein aber ist stur. Es lässt sich vom Körper nur ungern auseinander nehmen und aufspalten. Aber genau das muss der Körper machen, damit er die Proteine verwenden kann. Er muss schwer schuften, damit er das Casein dazu bringt, die Proteine freizugeben. Man sagt, Käse ist schwer verdaulich.

Wer hat nun recht? Die Milchindustrie oder die Miesmacher? Für uns Verbraucher ist das schwer abschließend zu beurteilen. Aber eines ist ganz klar. Egal ob Milch und Käse nun gesund sind oder nicht - die Dosis macht das Gift. Wenn man bedenkt wie viel Milch und Käse wir so konsumieren - das kann nicht gesund sein. Es ist zu viel. Wir brauchen Alternativen.

Macht Käse süchtig?

Es heißt immer wieder, dass Käse süchtig macht. Wie oft hört man: "Naja, auf Käse könnt ich nie verzichten. Nee, das schaff ich nicht." So ganz genau weiß man ja nicht, ob das stimmen kann, aber ein Körnchen Wahrheit ist schon dran.

Wenn man sich die Stoffe so ansieht, die im Käse enthalten sind, liegt die Vermutung tatsächlich nahe. Käse und Milch enthalten nämlich so genannte Casomorphine, also Opiate. Und Opiate machen bekanntlich süchtig. Das ist nichts Außergewöhnliches. Opiate sind fester Bestandteil jeder Muttermilch. Im Prinzip ist das schlau, denn die Casomorphine sollen die Babys beruhigen.

Tja, und da Käse konzentrierte Milch ist , sind in einem Stückchen Käse auch wesentlich mehr Casomorphine enthalten, als in der Milch. Bis zu 20 Liter Milch werden zu etwa einem Kilo Käse eingedickt, getrocknet und gepresst. Die Casomorphine sind an das Kasein gebunden, gehen also nicht mit der Molke auf Reisen.

Bei der Verdauung wird nun das Kasein zerlegt. Dabei entstehen so genannte Peptide, die auch unter der Bezeichnung Beta-Casomorphine bekannt sind. Sie beruhigen das Gehirn und wir bekommen ein angenehmes Gefühl.

Wiederum: Dieses Gefühl ist nicht besonders stark. Es fällt uns nicht bewusst auf. Aber unser Unterbewusstsein speichert dieses Gefühl. Aha, Käse = angenehmes Gefühl. Und da unser Körper von Natur aus nach Wohlbefinden strebt, und das Unterbewusstsein sich anstrengt unsere Körper zu erhalten, ist dies eine mögliche Erklärung dafür, warum es so schwer fällt, den Käse vom Ernährungsplan zu streichen.

2. Schritt: Starte Deine persönliche Käse-Inventur

Nachdem Du jetzt weißt, was Du ersetzt, kannst Du einen Schritt weiter gehen. Sieh nach, was der Käse für Dich bedeutet. Damit gehst Du erst einmal weg von Allem, was die anderen sagen. Du konzentrierst Du auf Dich und Dein Leben und ziehst Bilanz. Damit Du das tun kannst, brauchst Du eine Inventur.

In der Betriebswirtschaft ist eine Inventur eine Bestandsaufnahme, anhand derer das "Inventar als Grundlage für die Bilanz" festgestellt wird. Normalerweise wird diese "körperlich" durchgeführt - durch Zählen, Messen oder Wiegen. Im Fall Käse geht es um etwas anderes - da machen wir eher eine innere Inventur.

Warum ist die Inventur wichtig?

Indem Du Dir Deine Gewohnheiten und Vorlieben bewusst machst, bekommt Du ein umfassendes Bild, WAS Du Wie ersetzen kannst, damit kein Mangel-Gefühl entsteht, wenn sich Dein Speiseplan ändert. Je genauer Du weißt, was Du an Käse liebst (oder eben nicht liebst), desto genauer kannst Du die Filter für die spätere Experimentierphase setzen.

Das spart eine Menge Zeit und Frust, glaub mir. Außerdem könnte es auch sein, dass Dir beim Hinsehen einige Aha-Momente geschenkt werden, denn das Essen läuft bei uns in den meisten Fällen mehr als unbewusst ab.

Im Gegensatz zur betriebswirtschaftlichen Inventur, musst Du es bei dieser inneren Inventur nicht ganz so genau nehmen. Es reicht, wenn Du Deine Verhaltensweisen in Bezug auf Käse registrierst. Du musst sie nicht bewerten. Die richtige Einstellung dafür ist: "Aha, so ist das also. Na dann ..." ;)

Wie läuft die Inventur ab?

Im Grunde musst Du nicht besonders viel Zeit darauf verwenden. Du isst ganz normal weiter, aber ab sofort setzt Du einen bewussten Fokus, wann immer Du Käse isst. Du kannst die Erkenntnisse aufschreiben oder es auch bei einem "mental/emotionalen Screenshot" belassen.

Immer wenn Dir Käse über den Weg läuft - in welcher Form auch immer, kannst Du Dir Fragen stellen. Es gilt zu erkennen, welchen Platz der Käse in deinem Leben einnimmt. Wichtige Fragen sind zum Beispiel:

- Wofür verwende ich Käse in meinem Leben? Zum Überbacken? Als Brotaufstrich? Beim Kochen?
- Welchen Käse liebe ich besonders?
- Was ist es genau, das mir am Käse ganz besonders gut schmeckt?
- Welche Gerichte, in denen Käse vorkommt, mag ich besonders?
- Was tut der Käse für mich?
- Gibt er den gewissen Kick in der Soße? Zieht er so tolle Fäden, wenn ich ein Stück Pizza absäble? Zergeht er auf der Zunge?
- Was genau mag ich an (diesem) Käse besonders gern?
- Welche Erinnerungen oder Emotionen tauchen auf? Der Geschmack, der Dich an diesen legendären Abend im Urlaub erinnert? Oder der Spaß, den ihr beim Käsefondue damals hattet?

- Ist der Käse ein schneller Snack, der gut satt macht und schmeckt?
- Was genau ist es?

Es klingt vielleicht erst einmal abwegig, aber all diese Antworten sind wichtig. Und das sind noch nicht einmal alle Fragen, die wichtig sein könnten. Jeder hat seine eigenen Fragen. Und seine eigenen Antworten.

Durch die Beantwortung dieser Fragen - durch diese Inventur - findest Du heraus, welches Deiner Bedürfnisse ohne Käse nicht mehr abgedeckt würde. Diese Lücke führt Dich direkt zu den Alternativen, die Du statt Kuhmilch-Käse verwenden kannst. Du suchst dann zum Beispiel nicht mehr nach einem Parmesan-Fake, sondern nach einem Nudeltopping, das Du über die Nudeln streuen kannst, das gut schmeckt und sich genauso anfühlt, wie damals in dieser süßen Pizzeria am Gardasee.

Alternativen zu nutzen hat den Vorteil, dass Du im Prinzip nicht auf lieb gewonnene Speisen verzichten muss. Du darfst Dich umstellen, ok. Andere Zutaten, ungewohnte Zubereitungsart, vielleicht auch eine neue Art, Deine Speisen zu planen ...

Aber Du kannst immer noch Deine Pizza überbacken, Deine Nudeln in Käsesoße baden oder Deine Tomaten mit "Mozzarella" essen. Und Dein Unterbewusstsein bekommt nach wie vor Futter, das die schönen und angenehmen Erinnerungen aktiviert. Das ist wichtig, denn das Unterbewusstsein kann ziemlich trotzig werden - und dann, das kann ich Dir versichern, wird das Projekt "Kuhmilchkäse" anstrengend.

Im folgenden Kapitel habe ich Dir eine Liste zusammengestellt, von Dingen, die der Käse im allgemeinen für uns tut. Das ist mehr als

Du denken magst, denn er und sein Kasein werden wirklich viel verwendet - vor allem auch von der Industrie. Wenn Du Käse komplett vermeiden willst, dann sind diese Informationen ebenfalls wichtig für Dich.

Damit und mit den Antworten, die sich nach und nach aufgrund Deiner persönlichen Käse-Inventur ergeben, bist Du bestens gerüstet für das Abenteuer "ohne Käse genießen".

Was tut der Käse für uns?

Um zu entdecken, was der Käse Dir geschenkt hat, darfst Du Deine Perspektive verrücken. Weg vom Käse als Nahrungsmittel, hin zu den Aufgaben, die er erfüllt. Es macht Sinn, einen Blick hinter die Kulissen zu werfen - auch hinter die Kulissen der Industrie, die einzelne Bestandteile des Käses ausgesprochen gerne für ihre Zwecke verwendet.

Die Jobs: Wofür verwenden wir Käse in der Küche?

Hatten wir ja schon, dass der Kuhmilchkäse eine Menge Arbeit in der westlichen Ernährung hat. Eine kleine Stichpunktliste als Inspiration:

- Soßen binden (für Aufläufe zum Beispiel)
- Ersatz für Fleisch (was dem einen der Schinken, ist dem anderen der Käse im Salat)
- Brotaufstrich (Frischkäse)
- Brotzeit (Käsebrot, Obatzda, Handkäs mit Musik, etc.)
- Zutat (Käsespätzle)
- Nachspeise (Käse schließt den Magen, bindet die Desserts)
- Überbacken (Pizza, Aufläufe, etc.)
- Als Kick, das gewisse Etwas, in und auf Gerichten (Parmesan)
- Als eigenständiges Gericht (Mozzarella, Käsefondue)

Das sind nur einige Jobs. Es gibt noch viel mehr. Denn der Käse beziehungsweise seine Bestandteile sind auch bei der Industrie sehr beliebt.

Tausendsassa Kasein - ein Segen für die Lebensmittelhersteller

Wenn Du Fertigprodukte kaufst, dann lies die Zutatenliste. Milch und ihre Bestandteile, also Laktose (Milchzucker) und Milcheiweiß müssen als Allergene angegeben werden - WENN sie als Zutat verwendet werden. Dabei gibt es allerdings einen Haken. Milch wird nicht immer als Zutat deklariert, Käse ebenso wenig. Vor allem dann, wenn das Kasein - aus dem Käse ja hauptsächlich besteht - beim Produktionsprozess eingesetzt wird und danach nicht mehr im Endprodukt nachweisbar wäre. Dann nämlich ist es ein Hilfs- oder Zusatzstoff. Und als solcher muss er unter bestimmten Umständen nicht auf der Zutatenliste erscheinen.

Die Lebensmittelhersteller lieben das Kasein, weil es so vielseitig ist. Natives Kasein ist ein wunderbarer Kleber, ähnlich wie das Gluten des Weizens. Man kann es als Klebstoff, Bindemittel, Füllstoff, zum Eindicken, als Emulgator oder als Stabilisator verwenden.

Kasein als Hilfsstoff wird in zum Beispiel in Fleischprodukten, Brot und Gebäck oder auch manchmal in Babynahrung verarbeitet. Übrigens taucht es auch hin und wieder in fertigen Sojakäsesorten auf. Oder er wird auch verwendet, um Saft oder Wein zu klären und aufzuhübschen. Da Kasein Gerbstoffe bindet, eignet es sich neben Eiklar wunderbar für diesen Vorgang. Auch Getreide- produkte mit dem Hinweis, sie seien besonders "proteinreich", können Kasein enthalten.

Je nachdem, wie absolut Du Käse und Kasein vermeiden willst, darfst Du Dir das bewusst machen und beim Konsum von Fertigprodukten skeptisch sein.

Kasein als Rohstoff für die Industrie

Kasein, der Hauptbestandteil des Käses, wird in der Chemie-Industrie sehr gerne als Roh- oder Hilfsstoff verwendet. Es gibt Kaseinleim und Kaseinfarben. Außerdem ist Kasein ein beliebter Hilfs- und Trägerstoff in der Pharmaindustrie. Aus Kasein kann man auch Kunststoff machen, Fotolack und Zahnärzte nennen es gerne karieshemmend.

Molke und Kasein - für die Kosmetikindustrie ein Gewinn

Molke ist eigentlich ein Abfallprodukt bei der Käseherstellung. Sie ist die Flüssigkeit, die der Dickete entzogen wird. Da sie innerhalb von kurzer Zeit verdirbt, wird sie noch einmal getrocknet und als Molkepulver angeboten und verwendet.

Weil Molke hautstraffend wirkt und B-Vitamine enthält (die dann logischerweise nicht mehr im Kuhmilchkäse sind), hat sie eine Karriere in der Kosmetikindustrie gemacht. Außerdem wirkt Molke entgiftend und entzündungshemmend.

Das Kasein wiederum wird von den Kosmetikherstellern wegen der bindenden Wirkung gerne verwendet.

Du findest beide Stoffe in Gesichtscremes, Handcremes, Gesichtsmasken oder Badezusätzen. Übrigens enthalten auch die meisten Kondome Kasein. Es gibt nur wenige Produkte, die es nicht verwenden.

3. Schritt: Ersetze den Kuhmilchkäse - Schritt für Schritt

Der nächste Schritt ist, sich an das Neue heranzutasten. Du weißt nun, welche Bereiche Deines Wohlbefindens mit Käse verknüpft sind - und noch wichtiger: Du weißt, WIE sie damit verknüpft sind, sprich, was der Käse für Dich getan hat. Jetzt wird es spannend. Du beginnst zu experimentieren. Probiere die Alternativen eine nach der anderen aus. Du kannst sie entweder fertig im Handel kaufen oder sie selbst erstellen. Wichtig ist, dass Du den Käse nicht komplett verbannst, sondern Dir einen sanften Übergang erlaubst.

Picke Dir zum Beispiel zuerst den Punkt "Käse zum Überbacken" heraus. Da gibt es eine ganze Reihe an Möglichkeiten, wow. Knusprig, pikant und schön fettig - so muss die Käsekruste sein. Der Käse macht die Pizza erst zur Pizza, die Lasagne erst zu Lasagne.

Ich habe damit lange experimentiert. Was hab ich alles ausprobiert! Jedes Mal, wenn wir Pizza gebacken haben, habe ich ein Eckchen mit einem anderen veganen Käse oder einem anderen Rezept überbacken. Der Rest war nach wie vor mit normalem Streukäse belegt. Ich hab beim Pizzaservice vegane Pizza mit Hefeschmelz bestellt und hab mich durch die verschiedenen Streukäse-Varianten im Supermarkt durchprobiert. Es gibt eine Menge Möglichkeiten, sein Essen zu überbacken - vollkommen ohne Käse. Ich hätte das nie gedacht.

Meine Familie war zunächst erstaunt (weil sie gar nicht auf die Idee gekommen wären), dann skeptisch (weil ich ständig neue Dinge ausprobiere), dann genervt (weil am Anfang echt viele Dinge danebengegangen sind), schließlich aber jedes Mal echt neugierig (weil meine Experimente irgendwann auch mal gute Ergebnisse gebracht haben). Es war für sie spannend, wie - in ihren Augen - abartige Dinge wie Flohsamen oder Hefeflocken auf einer Pizza schmecken würden. Tja, die meisten Experimente haben den Daumen nach unten bekommen. Von den Fertigprodukten hat es keines geschafft auf den wöchentlichen Einkaufszettel, ich muss es leider ganz deutlich sagen. Einige Rezepte aus dem Internet jedoch hatten es mit Abwandlungen durchaus drauf - und diese Alternativen sind nun fester Bestandteil unseres Alltags und sie sind letztlich auch im Buch gelandet.

Verbanne den Kuhmilchkäse nicht voreilig

Du siehst, so eine Ernährungsumstellung kann durchaus Spaß machen. Aber nur, wenn Du auch während der Experimentierphase den Käse nicht komplett verbannst. Du räumst lediglich den Alternativen ein bisschen mehr Platz ein. Wenn eine Alternative funktioniert, kannst Du ganz darauf umstellen. Wenn Du das magst.

Mit jedem Gericht, das Du ausprobierst, mit jedem Produkt, das Du entdeckst, mit jeder Verwendungsart, für die Du einen Ersatz gefunden hast, wird der Kuhmilchkäse unwichtiger. Es ist ein Weg … Schritt für Schritt.

Wir kaufen inzwischen zum Beispiel so gut wie keinen Parmesan mehr, obwohl ich ihn früher quasi inhaliert habe. Spaghetti aglio e olio waren ohne Parmesan gar nicht denkbar. Heute streue ich über die Spaghetti meinen Nussparmesan. Inzwischen habe ich den (für mich) perfekten Nussmix gefunden - und so mag ich das Topping mehr als Parmesan.

Kaufen oder selber machen?

Ob eine Alternative für Dich funktioniert, hängt nicht nur vom Geschmack oder vom Preis ab, sondern auch davon, wie aufwendig es ist, sie zu einzukaufen oder herzustellen. Bei uns in der Familie beispielsweise haben viele Rezepte zwar in Bezug auf Geschmack und Konsistenz bestanden, jedoch war mir bereits nach der ersten Zubereitung klar, dass ich mir diesen Zirkus nicht oft geben würde. Zu umständlich, zu viel Abwasch oder zu kompliziert in der Vorbereitung ... Wir kaufen auch einige Produkte fertig im Handel.

Hinterfrage Dein "Warum"

Ein anderer Aspekt ist ebenso wichtig - vor allem, wenn Du Dinge fertig im Handel einkaufst. Es kommt sehr darauf an, wie Du drauf bist und WARUM Du den Käse ersetzen willst. Also von Deiner ursprünglichen Motivation, warum Du den Käse überhaupt aus Deinem Leben werfen willst.

Wenn für Dich der Tierschutzgedanke ausschlaggebend ist, dann hast Du es vergleichsweise einfach. Denn (fast) alle pflanzlichen Alternativen zu Käse sind vegan - egal ob selbst gemacht oder fertig im Handel. Es werden weder Kühe dafür gemolken, noch wird Kälbermagen dafür gebraucht. Wenn dies Dein vorrangiges Kriterium ist, kannst Du quasi nichts falsch machen. Du darfst lediglich im Hinterkopf behalten, dass so manches pflanzliche Fertigprodukt mit tierischen Hilfsstoffen produziert wird, die nicht deklariert werden müssen. Einige fertige Pflanzenkäse enthalten eben doch Kasein oder werden mit seiner Hilfe hergestellt.

Anders verhält es sich, wenn Du Dich aus gesundheitlichen Gründen dafür entschieden hast. Dann macht es zum Beispiel wenig Sinn, statt Käse Fertigprodukte zu kaufen.

Die Lebensmittelindustrie ist natürlich daran interessiert, Käse-Alternativen so authentisch wie möglich hinzubekommen. Das führt dazu, dass pflanzliche Käsealternativen häufig einen wahren Chemiecocktail enthalten. Käseähnliche Konsistenz und ebensolcher Geschmack in großen Mengen werden zudem oft nur durch sehr aufwendige Herstellungsverfahren erreicht, die so gut wie jedes Krümelchen Vitamin dahinraffen.

Ebenso darfst Du Dir die Fertigprodukte gut anschauen, wenn Du den Umweltgedanken als Motivator in der Tasche hast. Denn die pflanzlichen Käse-Fakes sind nicht besonders umweltfreundlich. Die meisten enthalten zum Beispiel Palmöl oder Soja. Diese beiden kommen von weit her und werden in Monokulturen angebaut. Für diese wiederum wird Regenwald in unvorstellbarer Größenordnung abgeholzt. Wenn Du nicht bio kaufst, dann kannst Du zudem davon ausgehen, dass Du genmanipulierte Zutaten in Deinem Käse-Ersatz hast.

Prinzipiell gilt: Lies die Zutatenliste! Denn nicht alle fertigen Käsealternativen sind ungesund oder umweltschädlich. Es gibt durchaus eine ganze Reihe an Produkte, die wirklich gut sind. Es gibt zum Beispiel Käse der mit Lupine hergestellt wurde und der statt Palmöl Kokosöl aus biologischem Anbau enthält.

Auch für die selbst gemachten Alternativen gilt: Schau genau und beziehe Deine Werte in die Auswahl der Zutaten mit ein. Rezepte mit Soja funktionieren zwar von der Konsistenz her meist am besten, doch Soja ist inzwischen ebenso häufig in unseren Nahrungsmitteln zu finden, wie Milch. Die meisten Alternativen, die Du so im normalen Supermarkt findest, sind aus Soja. Außerdem ist Soja recht umstritten, was den gesundheitlichen Aspekt betrifft UND es ist möglich, dass Du Soja-Zutaten erwischt, die in Monokultur angebaut und genmanipuliert wurden.

4. Schritt: Leben ohne Käse - wie geht das?

Aber nun lass uns endlich in die praktischen Details gehen.

- Wie funktioniert das Leben ohne Käse eigentlich?
- Bekomme ich dann noch genügend Nährstoffe mit?
- Kann ich noch meine gewohnten Gerichte kochen?
- Und wie kann ich Fake-Käse selbst herstellen?

Darüber hinaus gibt es ein paar Infos, die Dir beim Einkauf von fertigem Käseersatz helfen. Zum Beispiel den Unterschied zwischen dem "bösen" Analogkäse (bekannt aus den Horror-Schlagzeilen einschlägiger Medien) und "sinnvollem" Käse-Ersatz. Es ist nämlich nicht immer ganz leicht, diesen industriellen Analog-Käse in den Produkten zu erkennen. Die Hersteller nutzen einige Tricks, um ihn den Verbrauchern unterzujubeln.

Alles Analog-Käse - oder was?

Die Idee, Käse zu ersetzen, gibt es nicht erst seit der veganen Welle. Schon im 19. Jahrhundert ersannen findige Menschen den ersten Kunstkäse. Damals war jedoch das Ziel, einen "Käse für Arme" zu erschaffen. Es ging nicht darum, das Milcheiweiß zu ersetzen oder einen pflanzlichen Käse herzustellen. Damals ging es nur darum, einen möglichst günstigen Käse zu erfinden. Deshalb wurde Magermilch mit Rindertalg aufgepeppt und mit Lab eingedickt. Das war deutlich günstiger als ein Kuhmilchkäse.

Heute hat so gut wie jeder schon einmal Käseersatz gegessen. Selbst, wenn Du den Käse bislang nicht bewusst ersetzen wolltest, Du hast ihn schon gegessen, da wette ich mit Dir.

Analogkäse wird vor allem in der Gastronomie, in Bäckereien oder in Fertigprodukten verwendet. Allein in Deutschland werden schätzungsweise 100.000 Tonnen Analogkäse jährlich produziert.

Hergestellt wird er heute vornehmlich aus Wasser, Pflanzenölen (meist Palmöl), Milch-, Soja- oder Bakterien-Eiweiß und Stärke. Dazu kommen Emulgatoren (damit das Zeug sich schön vermengt und zusammen bleibt), Aromen, Farbstoffe und Geschmacks-verstärker.

Die Lebensmittelindustrie verwendet Kunstkäse gerne. Analogkäse braucht keine Reifung, schmeckt aber trotzdem wie ein aus-gereifter Käse. Außerdem hält er Temperaturen bis zu 400 Grad aus, während Kuhmilchkäse schon bei 200 Grad anfängt zu kokeln.

Analogkäse: Soja, Palmöl und Gluten sind die Stars

Diese drei Zutaten sind die besten Freunde der Massenproduktion. Immer, wenn etwas in großen Mengen industriell hergestellt wird, tauchen früher oder später diese drei Namen in den Besetzungslisten auf. Und das hat durchaus nachvollziehbare Gründe.

Soja zum Beispiel. Es ist unglaublich vielseitig, deshalb wird es für die Herstellung pflanzlicher Milch- oder Käsealternativen oft bemüht. Aus Soja kann man alles machen - wirklich alles. Es liefert viel Fett. Das ist wichtig, wenn man das Kuhmilchfett nicht zur Verfügung hat. Und es ist billig.

Ebenso der Weizen - er pappt so gut. Das Gluten im Weizen ist ein superguter Lebensmittelkleber. Damit lässt sich eine Masse herstellen, die in ihrer Haptik vielen Käsesorten sehr ähnlich ist, das heißt, diese Masse fühlt sich ähnlich an wie Käse im Mund. Der Geschmack ist ja eh die leichtere Übung. Aromen - natürliche und synthetische - gibt es ja mittlerweile in unglaublicher Fülle. Gluten ist übrigens auch richtig billig.

Naja, und Palmöl ist der Zauberstab der Fertigprodukte, weil es gut zusammenhält, bei Zimmertemperatur immer noch streichfest ist, schön cremig macht und Fette liefert. Auch Palmöl ist geschmacksneutral. Und wieder billig.

Was will man mehr, oder?

Tja, vielleicht ein wenig Umweltverträglichkeit und ein paar wertvolle Nährstoffe? Wie bei allem ist es auch hier eine Sache der bewussten Entscheidung. Welche Zutaten willst Du verwenden oder zu Dir nehmen?

Dass Palmöl und Soja nicht unbedingt die besten Zutaten sind, versteht sich von selbst. Giftig sind sie jedoch nicht. Sie nähren Dich zwar nicht, aber sie bringen Dich auch nicht um. Wenn Du sie ständig und andauernd in großen Mengen isst, können sie Dich aber krank machen. Ganz schleichend. Und genau da liegt der Haken.

Analogkäse ist überall - Du weißt es nur nicht

Kunstkäse findest Du auf Fertigpizzen, Aufläufen oder in Fertig-Käse-Soßen. Er ist oft nicht als Käseersatz zu erkennen, zumal er häufig nur als "Streckmittel" verwendet wird. In diesen Fällen enthält das Produkt teils Kuhmilchkäse und teils Analogkäse (das heißt dann zum Beispiel "Käse-Zubereitungen" oder "nach Käse-Art"). Es fällt niemandem auf, wenn er nicht die Zutatenliste liest - vor allem weil die Hersteller auf der Verpackung groß schreiben dürfen "mit Käse". Stimmt ja auch, es ist ja ein winziger Teil Käse drin - geschummelt ist es trotzdem. Irgendwie.

Ein weiterer Ort, an dem Dir Analogkäse begegnet, ohne dass Du es merkst, ist das Restaurant. Große Restaurants und Kantinen verwenden diese Kunstkäse gerne, um Aufläufe zu überbacken oder die Soßen zu strecken. Hier hilft nur: Nachfragen. Denn unterscheiden kannst Du es nicht.

Auch bei großen Bäckerketten oder bei Backwaren im Discounter wirst Du Analogkäse finden - und zwar zum Beispiel auf den Käsestangen. Selbst bei DIY-Rezepten sind Soja, Palmöl und Gluten (also Weizen) inzwischen "Standardzutaten", die immer wieder genannt werden - nicht nur für Käseersatz-Rezepte.

Die Schummelei mit den schönen Begriffen

Nach europäischem und deutschem Recht dürfen die Begriffe "Milch" und "Käse" ja nur für Kuhmilch und ihre Produkte verwendet werden. Das lässt einige Anbieter ausgesprochen kreativ werden. "Belag aus Pflanzenfett" ist so eine hässliche Formulierung, nicht wahr?

"Pizza-Mix" oder "Gastro-Mix" klingt doch gleich viel besser. Zwar ist auf der Verpackung eine "beschreibende Verkehrsbezeichnung" ebenso wie die Zutatenliste vorgeschrieben - aber wer liest die schon.

Außerdem gibt es Hintertürchen. Das Wort "Käse" darf man verwenden sobald Kuhmilchkäse im Produkt ist. Muss ja nicht viel sein. Die Lösung: Man gebe eine winzige Menge Kuhmilchkäse bei und deklariere dies brav in der Zutatenliste. Wenn ein Kunde dann denkt, er hätte einen 100%-prozentigen Kuhmilchkäse über der Lasagne, kann man ja schließlich auch nichts dafür, nicht wahr? Oder, wenn er die Zutatenliste nicht liest, dann denkt er halt, er hätte ein milchfreies Produkt. Wen interessiert´s?

Gern wird das Wort "Käse" in der Beschreibung einfach komplett weggelassen. Die Lasagne oder das Brötchen sind dann halt "überbacken". Mit was, das steht auf einem anderen Blatt - aber danach fragt nur selten jemand.

Es gibt leider immer noch keine deutliche Kennzeichnungspflicht für Käseimitate, auch wenn das aus der Sicht der Verbraucher - vegan oder nicht vegan - sehr wünschenswert wäre.

Die Wahl zwischen leeren und gehaltvollen Zutaten

Dadurch, dass wir meist gar nicht wissen, was genau wir mit einem Fertigprodukt aus dem Supermarktregal eigentlich essen, haben wir keinen Überblick mehr über unseren Konsum und unsere Ernährung.

Zu viel Soja macht genauso krank, wie Schokolade im Übermaß. Selbst, wenn Soja ein "Superfood" wäre ... ab einer gewissen Menge wird es schädlich. Um Soja, Palmöl und Co. bei fertigen Produkten zu vermeiden, braucht es Übung. Menschen, die gegen Soja oder Weizen allergisch sind, können ein Lied davon singen: Es ist nicht leicht Kuhmilch UND diesen Zutaten auszuweichen.

Mein Tipp: Lies die Zutatenliste! Immer! Jedes Mal!

All diese Finten und die exzessive Verwendung von Chemie sind der Grund, warum Analogkäse und Käsealternativen ziemlich in Verruf geraten sind. Dabei ist Käseersatz nicht gleich Käseersatz.

Es gibt pflanzliche Kunstkäse-Produkte, die tolle Inhaltsstoffe haben und wirklich gut schmecken. In diesem Bereich hat der bio-vegan-Trend einige Verbesserungen gebracht. Außerdem kannst Du Deinen Käseersatz auch selber machen. Dann bestimmst Du, welche Zutaten Du verwendest.

Eine Liste, nach welchen Zutaten Du im Handel schauen kannst, bekommst Du im nächsten Kapitel.

Welche Zutaten ersetzen den Käse?

Es gibt Käsealternativen, die durchaus einen wertvollen Beitrag zu Deiner Ernährung leisten können. Ausschlaggebend sind die Zutaten, die verwendet werden.

Soja und Palmöl sind leere Zutaten, hatten wir ja schon. Doch gibt es durchaus eine lange Liste an gehaltvollen Zutaten, die Du verwenden kannst. Dabei darfst Du allerdings ein bisschen weggehen von dem Anspruch, dass eine Käse-Alternative identisch mit Kuhmilchkäse sein muss.

Sobald die Grundzutaten reicher an Nährstoffen sind, haben sie meist auch einen Eigengeschmack, den man ganz leicht durchschmeckt. In manchen Fällen ist das jedoch sogar von Vorteil, denn genau dieser Eigengeschmack macht sie zu genialen Käse-Interpretationen.

Welche Zutat für welchen Käse?

Eines vorweg: Es gibt nicht DIE Zutat. Für jede Käseart sind es andere Zutaten, die die Anforderungen erfüllen. Hier ist eine Liste an Beispielen, aufgeteilt nach Käsearten.

Schnittkäse und Weichkäse

Kartoffelstärke und Kokosöl können den Job von Soja und Palmöl locker erfüllen. Und wenn Du auf Bioqualität achtest, kannst Du auch beim Kokosöl Raubanbau vermeiden. Der fertige Streukäse ohne Milch schmilzt ähnlich, wie der mit Milch. Allerdings zieht er nicht so viele Fäden und er bräunt beim Überbacken weniger.

Wenn Du Schnitt- oder Weichkäse selbst herstellst, dann kannst Du Deine Zutaten natürlich selbst wählen. Zum Binden brauchst Du vor allem Agar Agar. Den käsigen Geschmack bekommst Du mit Hefeflocken, Miso oder Mohn hin. Die Grundzutaten kannst Du weitgehend frei wählen. Im Rezeptteil findest Du Schnittkäse aus Süßkartoffeln, Weichkäse aus Cashews oder Mozzarella mit Flohsamenschalen und Hanfsamen. Und diese Beispiele sind noch lange nicht das Ende der Fahnenstange. Es gibt unendlich viele Möglichkeiten.

Frischkäse

Willst Du einen veganen Frischkäse ohne Soja, dann achte zum Beispiel auf Nüsse oder Mandeln. Sie erledigen den Job hervorragend.

Mozzarella

Mozzarella ohne Milch gibt es im Handel unter anderem mit Vollkornreis. Das Rezept hier im Buch verwendet Floh-samenschalen. Wir machen uns dabei die Gelierfreudigkeit der Flohsamen zu Nutze. Das funktioniert bestens und ist obendrein auch noch gesund, denn die Flohsamenschalen enthalten eine Menge Balaststoffe.

Parmesan

Tierfreier Parmesan braucht vor allem Nüsse, Kerne, Hefeflocken und Gewürze - mehr nicht.

Feta oder Grillkäse

Es gibt sie auf Tofubasis … oder aber auch mit Nüssen. Oder mit Mandeln.

Obatzda

Milchfreier Obatzda ist die einzige Käseart, bei der ich tatsächlich auf Soja zurückgreife, genauer gesagt auf Tempeh. Du findest Tempeh fertig im Handel. "Roh" gibt es ihn zur "Wurst" gerollt im Kühlregal vieler Bioläden. Tempeh ist eine asiatische Spezialität, die ausgesprochen gesund sein soll. Das Soja ist fermentiert und liefert deshalb viel Eiweiß und Balaststoffe. Der Geschmack von Tempeh ähnelt dem Geschmack des Camenberts - und mit Paprika und Zwiebeln angemacht, schmeckt er tatsächlich wie diese bayerische Spezialität.

Camenbert

Für einen pflanzlichen Camembert kannst Du auf Cashews und Walnüsse achten. Die Walnüsse spielen eine wichtige Rolle für den Geschmack und die Cashews übernehmen die Aufgabe der richtigen Konsistenz. Wenn Du diese Mischung clever würzt - mit Edelschimmelpilzen präparierst und ihnen drei Wochen Zeit gibst, dann bekommst Du einen wunderbaren Camembert. Ohne Milch. Aber mit dem gewohnten weißen Mäntelchen, einem guten Geschmack und einer schönen Streichfähigkeit.

Die Produkte im Handel haben alle eine Reifung durchlaufen. Das macht sie ziemlich teuer. Die geschmacklich guten Produkte, die ich probiert habe, lagen bei fast 12 Euro für 150 Gramm, hüstel. Das ist irrelevant für den alltäglichen Verbrauch.

Darüber hinaus gibt es Camembert-Alternativen, die Mohn in Kombination mit Cashewkernen enthalten, weil diese Mohnkrümel beim draufbeißen einen leicht käsigen Geschmack entfalten. Genau diese Kombination nutzen wir auch für den gebackenen Camembert hier im Buch. Er schmeckt verblüffend echt - den

richtigen Biss bekommt der gebackene Camembert durch Reispapier.

Fonduekäse

Ein Käsefondue - lecker. Es gibt fertige Fondues, aber hier ist das
Selbermachen so einfach, dass sich der Gang ins Geschäft gar nicht
lohnt. Basis für eine veganes Käsefondue sind Gemüsebrühe, Wein
und Hafermilch. Ihre Konsistenz bekommen sie durch Kartoffelstärke oder Mehl. Gewürzt wird mit Hefeflocken, Tahini und
Misopaste. Das ergibt den käsigen Geschmack.

Zutaten im Einzelnen

Wenn Du Kuhmilchkäse nachbauen willst, dann gibt es einige Zutaten, die Dir immer wieder begegnen werden.

Cashewkerne

Die Stars unter den Käse-Fake-Zutaten sind derzeit eindeutig die Cashewkerne. Sie laufen bei vielen hier unter dem Sammelbegriff "Nuss", dabei sind sie es im biologischen Sinne gar nicht. Der Cashewkern ist eigentlich ein Fruchtkern, ähnlich wie der Apfelkern oder der Aprikosenkern. Die eigentliche Frucht des Cashewbaumes heißt übrigens Elefantenlaus. Malerisch, aber nicht unbedingt geeignet für Marketingkampagnen.

Die Cashew eignet sich für Parmesan-Ersatz, Käsesoße, Feta oder Schnittkäse. Cashewkerne sind toll - absolut vielfältig und nahrhaft. Für das Zubereiten von Käse eignen sie sich deshalb so wunderbar, weil sie recht viel Fett enthalten und eine feste Konsistenz ergeben.

Wie die Mandeln liefern die Cashews vor allem ungesättigte Fettsäuren. An Vitaminen warten sie mit A und E, an Mineralstoffen vor allem mit Calcium, Eisen, Kalium, Magnesium und Phosphor auf. Außerdem ist der Cashewkern ein Lieferant für die Aminosäure Tryptophan. Da Tryptophan essentiell ist, kann der Körper sie nicht selbst bilden (siehe Kapitel: Nährstoffe von Kuhmilchkäse). Cashewkerne liefern übrigens pro 100 Gramm etwa 290 mg Tryptophan, 100 Gramm Kuhmilch schaffen es immerhin auf fast 50 mg.

Unser Körper wandelt Tryptophan in Serotonin um. Und das bedeutet, dass diese essentielle Aminosäure für unseren Körper ein

Baustein ist, mit dem er sich selbst aufmuntern kann, denn Serotonin gilt als "natürliches Antidepressivum".

Der Tagesbedarf an Tryptophan liegt bei 3,5 bis 6 mg je Kilo Körpergewicht. Das Gesamtpaket Cashewkern geht also durchaus als wertvolles Lebensmittel durch.

Gibt es einen Haken? Ja, den gibt es. Cashewkerne kommen leider von recht weit her, meist aus Indien, den Philippinen oder aus Afrika. Das heißt, wir schippern sie quer durch die Welt. Darüber hinaus ist die Ernte echt eine fiese Prozedur, die den Erntearbeitern eine Menge abverlangt.

Du darfst aufpassen, dass Du gute Cashewkerne kaufst, denn die konventionellen Kerne geraten immer wieder in Verruf, mit Pestiziden verseucht zu sein. Achte also hier unbedingt auf Bio-Qualität, auch wenn das nicht unbedingt Giftfreiheit garantiert.

Nüsse

Neben den Cashewkernen kommen auch Nüsse bei der Herstellung von Pflanzenkäse immer wieder zum Einsatz. Vor allem Walnüsse und Macadamianüsse eignen sich durch ihren herben Geschmack wunderbar für die Rezepte.

Macadamianüsse haben einen sehr hohen Fettgehalt. Das ist natürlich schon einmal aus rein praktischen Gründen gut für die Zubereitung von Käse-Alternativen, denn dafür brauchen wir Fett. Darüber hinaus sind sie auch ein gesundheitlicher Gewinn für unseren Speiseplan. Denn sie liefern uns ungesättigte Fettsäuren. Wer einen hohen Colesterinspiegel hat, der darf jeden Tag davon essen. Es heißt, sie senken ihn zuverlässig. Macadamianüsse sind Spezialisten für die Aminosäuren Arginin und Cystein. Arginin tut unseren Blutgefäßen gut, hilft die Durchblutung zu regulieren und Cystein ist wichtig für Haut, Haare, Nägel und Knorpel.

Paranüsse helfen uns bei der Entgiftung. Der Grund ist, dass sie ein dickes Paket Selen im Gepäck haben. Dieses Spurenelement ist ein Entgiftungsspezialist und hat eine antioxidative Wirkung. Die in ihr enthaltenen Mineralstoffe (Kalium, Magnesium, Kupfer u.a.) kennen wir von der Milch, nicht wahr? Öfters mal eine Paranuss trägt also auch zum Ausgleich des Nährstoffhaushaltes bei. Bei einigen Mineralstoffen schlägt die Paranuss sogar einen Butterkäse. In Bezug auf Aminosäuren bietet sie uns vor allem viel Metionin und Arginin. Metionin ist wichtig für das Immunsystem und für Haare, Nägel und Knorpel. Schade, dass die Paranuss von so weit her kommt.

Auch heimische Nüsse haben viel zu bieten. Wenn Du die Wahl hast, dann nimm heimische Nüsse für die Zubereitung Deiner Käsealternativen. So wie jene, die wir importieren, haben sie eine Menge Talente. Hasel- und Walnüsse eignen sich allerdings nur bedingt als Grundzutat, denn sie haben einen unverwechselbaren Eigengeschmack. Rein kulinarisch gesehen, sind sie nur dann die erste Wahl, wenn Du auch willst, dass Dein Käse nach Hasel- oder Walnuss schmeckt.

Haselnüsse haben einen hohen Lecithin-Gehalt. Dadurch unterstützen sie unsere Nerven und unser Gedächtnis. Sie haben ungesättigte Fettsäuren in sich und Vitamin E. In Bezug auf Calcium können sie locker mit Milch mithalten, mit 225 mg pro 100 g Nüsse haben sie doppelt so viel Calcium in sich wie Milch.

In Bezug auf Käse allerdings schaut die Bilanz mau aus. Kuhmilchkäse ist einfach tatsächlich der Calcium-King, zumindest mengenmäßig. 100 g Emmentaler zum Beispiel decken den kompletten Tagesbedarf an Calcium. Der liegt bei 1000 mg pro Tag, sagt die Deutsche Gesellschaft für Ernährung (DGE).

Walnüsse schenken uns ein Hormon namens Melatonin. Es hat antioxidative Wirkung und wird auch das "Schlafhormon" genannt. Außerdem hat die Walnuss eine Menge an Omega-3-Fettsäuren , Vitamin B6 und Zink zu bieten. Das macht sie zum Freund unseres Immunsystems. Im Mengenvergleich zum Käse kann allerdings auch sie nicht mithalten, zum Beispiel was die Aminosäuren betrifft. Die Walnuss bietet uns stattliche Mengen der diversen Aminosäuren - und im Vergleich zur Milch gewinnt sie. Aber da der Käse konzentriertes Milchprotein ist, hat er wesentlich mehr zu bieten. Muss man ganz klar so sagen.

Mandeln

Mandeln wirst Du ebenfalls in dem ein oder anderen Rezept finden. Allerdings nicht ganz so häufig, denn sie eignen sich eher für süße Speisen als für pikante Käsegerichte. Die Mandel enthält zum Beispiel viel Kalium, Magnesium und Calcium. An Vitaminen liefert sie beispielsweise Vitamin B und E. Außerdem haben Mandeln viel Folsäure in sich. Gut für unsere Alternativen: Mandeln bringen einen ordentlichen Fettanteil mit. So brauchst Du - wenn Du mit Mandeln arbeitest - weniger Öl zugeben.

Samen

Sesam oder Sesammus, Hanfsamen und Flohsamenschalen. Ich weiß, das klingt ungewohnt. Aber glaube mir, diese Samen werden kulinarisch unterschätzt. Absolut. Sie durften bisher meist nur als Dekoration auf dem Brötchen oder - im Fall der Flohsamen - als Darmschmeichler im Müsli agieren. Dabei schmecken sie enorm lecker und haben genau die richtigen Talente für die Herstellung von Käse-Alternativen. Die Sesamsamen geben der "Parmesan"-Mischung einen cleveren Geschmacks-Kick, die Hanfsamen brauchen wir für die Herstellung des pflanzlichen Mozzarella und die Flohsamenschalen - tja, die glibbern und deshalb sind sie perfekt für die Herstellung von Frisch- und Weichkäse.

Sesam ist übrigens ein echter Nährstoffhammer. Er enthält zum Beispiel eine Menge Calcium. 25 Gramm Sesamsamen enthalten 200 mg Calcium.

Gemüse und Kartoffeln

Auch Gemüse und Kartoffeln kommen zum Zug. Es gibt beispielsweise ein tolles Rezept für einen Käse, der aus Süßkartoffeln besteht. Und die Grundzutaten für die Käsesoße in diesem Buch sind Karotten und Kartoffeln.

Für viele Rezepte wird auch die Stärke der Kartoffeln verwendet. Entweder nimmt man das Pulver, bekannt als Speisestärke, oder die Kartoffel wird in Form von pürierten Pellkartoffeln verarbeitet. Dadurch wird die Festigkeit erreicht, die beispielsweise ein Weichkäse braucht.

Bindemittel

Für die Festigkeit eines Schnittkäses brauchen wir ein härteres Geschütz. Dafür verwenden wir zum Beispiel Agar-Agar. Das ist ein sehr effektives Bindemittel - wirkungsvoller als Gelatine. Du bekommst Agar-Agar als Pulver in kleinen Döschen im Handel. Ein halber Teelöffel ersetzt etwa vier Blatt Gelatine. Im Unterschied dazu besteht Agar-Agar jedoch nicht aus gemahlenem Tier, sondern aus Algen, genauer gesagt aus Rotalgen.

Der Nachteil von Agar-Agar besteht eindeutig darin, dass man es erst mit Wasser aufkochen muss, damit es fest wird. Mit anderen Worten: Wenn ein Rezept Agar-Agar enthält, dann ist es etwas aufwendiger.

Unter den Experten herrscht ein heftiger Streit, ob Algen nun gesund sind oder nicht. Es wird ihnen nachgesagt, dass sie der B12-Lieferant schlechthin sind. Viele Leute essen zum Beispiel deshalb auch regelmäßig Chlorella-Algen. Andere warnen wiederum vor verstrahlten Algen und zudem vor Jodüberschuss, denn Algen haben von Natur aus viel Jod in sich.

Ich habe keine Ahnung, ob Algen und damit Agar-Agar nun gesund oder ungesund sind. Da es für den Milchersatz aber eh nur als Bindemittel fungiert, braucht es - wie ich finde - auch nicht das ultimative Superfood zu sein. Hauptsache es ist giftfrei und nicht genmanipuliert - weshalb ich es wie viele andere Dinge auch bio kaufe.

Es gibt noch eine Menge anderer pflanzlicher Bindemittel. Jedes einzelne hat andere Eigenschaften. Weitere Bindemittel, die man verwenden kann, sind: Pfeilwurzelmehl, Tapiokastärke, Xanthan, Johannisbrotkernmehl, Guakernmehl, Kartoffelstärke - und natürlich Stärke in jeder Form.

Gute Öle

Da Palmöl und Margarine keinen sinnvollen Ersatz für das Fett der Milch darstellen, brauchen wir auch dafür Ersatz. Ersatz für den Ersatz quasi.

Ich backe und koche hauptsächlich mit guten Ölen. Sie erfüllen ihren Zweck mindestens genauso gut wie Butter, Margarine oder dieses unsägliche Palmöl.

Wenn ich festere Konsistenzen bei Zimmertemperatur benötige, verwende ich Kokosöl oder Kakaobutter. Aber auch hier: Wir als Verbraucher dürfen darauf achten, dass wir die Monokulturen nicht zusätzlich ankurbeln. Hersteller und Herkunft also gut auswählen. Bio und fair sind hier wieder einmal die Anhaltspunkte (sorry, wenn ich mich wiederhole, aber ich finde diesen Punkt einfach unglaublich wichtig).

Manchmal brauche ich auch geschmacksneutrale Öle. Und zwar immer dann, wenn ich den Eigengeschmack eines kalt gepressten Öls vermeiden will. Dann verwende ich raffiniertes Öl. Das hat dann zwar keine Inhaltsstoffe mehr, aber dafür auch keinen Geschmack.

Hefeflocken

Sie sind sowohl für Industrie als auch für uns DIY-Käsefaker ein absoluter Segen - ich meine, was den Geschmack angeht. Die Flocken werden aus flüssiger Hefe gewonnen, die getrocknet und dann abgeschabt wird. Durch das Trocknen werden die Hefekulturen inaktiv. Die Nährstoffe der Hefe bleiben jedoch erhalten, unter anderem viele B-Vitamine. Diese bleiben allerdings nur am Leben, wenn Du die Hefeflocken NACH dem Kochen hinein gibst, denn durch allzu große Hitze werden sie zerstört.

Sie geben neben Liebstöckel diesen Geschmack, den wir doch inzwischen alle so sehr lieben: Umami. Was das ist? Das ist der Brühegeschmack, auf den wir die vergangenen Jahrzehnte konditioniert wurden. Ich nehme mich da selber nicht aus. Im Prinzip ist das ja auch nicht schlimm, aber wir sollten uns dessen bewusst sein.

Hefeflocken haben (wie fast alles) einen zwiespältigen Ruf, denn sie sind im Prinzip nichts anderes als Glutamat, allerdings in natürlicher Form. In Fertiggerichten wird hingegen meist künstliches Glutamat verwendet.

Man ist sich nicht ganz klar darüber, ob Glutamat nun wirklich schädlich ist. Sowohl in der veganen Szene als auch unter den wissenschaftlichen Experten wird seit Jahren heftigst darüber gestritten. Die einen warnen davor, dass künstliches Glutamat unter anderem starke Kopfschmerzen verursachen kann. Die anderen winken genervt ab und betonen, dass der Stoff (auch der synthetisch hergestellte) von allen einschlägigen Instituten als harmlos eingestuft wird.

Der nächste Streitpunkt ist, ob das natürliche Glutamat der Hefeflocken genauso schädlich ist, wie das künstliche Glutamat der Geschmacksverstärker. Die einen sagen: "Ja! Vorsicht auch bei Hefeflocken." Die anderen sagen: "Neee, das natürliche Glutamat ist für den Körper ganz anders und enthält Vitamin B12, ist also gesund."

Was nun wahr ist? Abschließend weiß das, glaub ich, niemand.

Fakt ist: Glutamat an sich ist weder gut noch schlecht. Schau mich nicht so an, das meine ich ernst. Es kommt in vielen Lebensmitteln von Natur aus vor - in Tomaten beispielsweise. Außerdem ist Glutamat (auch Glutamin genannt) eine Aminosäure - keine essentielle, aber eine wichtige. Und der Körper bildet sogar von sich aus täglich natürliches Glutamat. Er braucht es für Muskelaufbau und Immunsystem.

Ob Glutamat nun schädlich oder förderlich ist, hängt wie so oft von zwei Faktoren ab: von der Menge und von der Qualität. Es gibt viele verschiedene Glutamate und noch mehr Namen dafür. Allein die Liste für Zusatzstoffe kennt sechs verschiedene E-Nummern dafür. Und die Namen, die sich die Industrie ausgedacht hat, um Glutamat unauffällig zu deklarieren, sind noch viel zahlreicher. Synthetisches Glutamat ist auf seine Eigenschaft als Geschmacksverstäker reduziert. Es hat keinerlei Nutzen für unseren Körper. Natürliches Glutamat hingegen schon - wenn es maßvoll genutzt wird.

Meine eigene Beobachtung ist: Während ich bei chemischem Glutamat sofort Kopfschmerzen bekomme, machen mir die Hefeflocken nichts aus. Ich hab es ausprobiert.

Möglicherweise liegt es an der berühmten "Dosis". Das kann sein, aber ich kann dies leider nicht abschließend feststellen. Ich weiß es nicht, weil ich keine Ahnung habe, wie viel Glutamat beispielsweise im Restaurant in die Speisen gegeben wird. Ich weiß nur, wie viel ich persönlich beim Kochen verwende - das natürliche in Maßen und das künstliche gar nicht.

Gewürze

Den Grundzutaten der Käsealternativen geht es wie allen anderen Grundzutaten auch. Erst durch Gewürze entfalten sie ihren Geschmack. Cashewpampe ohne Gewürze - schmeckt eben nach Cashews. Dies ist auch beim Kuhmilch-Käse so. Wenn der nicht gut gewürzt ist, dann schmeckt er fad. Die üblichen Gewürze für Milchalternativen sind wohl bekannt: Salz, Pfeffer, Zitrone, Essig, Paprika, Kumin (Kreuzkümmel), Kurkuma, Petersilie, Liebstöckel, Estragon, Cayenne-Pfeffer, etc.

Tempeh

Tempeh ist eine eher außergewöhnliche Zutat. Sie ist allerdings in Bio- und Asiamärkten problemlos zu bekommen. Ursprünglich stammt Tempeh aus Indonesien, wo es sehr oft gegessen wird. Es ist eines der wenigen Sojaprodukte, die ich hin und wieder bewusst und gerne einsetze. Zum einen, weil Tempeh fermentiert ist - das heißt, die Sojabohne wurde mit einem Pilz versetzt. Dieser schließt die Proteine der Sojabohne so auf, dass unser Körper sie besser verwerten kann. Mit anderen Worten: Tempeh ist ein exzellenter Eiweißlieferant - was ihn aus dieser Sicht natürlich auch zu einem sehr geeigneten Ersatz für Käse macht. Ich verwende Tempeh sehr gezielt, für Obatzda oder Gerupften zum Beispiel.

Wie bekomme ich ohne Käse wichtige Nährstoffe?

Bei einer gesunden Ernährung geht es darum, dem Körper alle wichtigen Stoffe zuzuführen, die er braucht. Die Nährstoffe sind der Kraftstoff unseres Körpers. Wenn Du die Milch weglässt, stellt sich sicherlich die Frage: Wo bekomme ich denn dann die nötigen Nährstoffe her?

Die gute Nachricht: Käse, also Milch, ist nicht die einzige Quelle für Eiweiß, Kohlenhydrate, Vitamine und Mineralien. Du kannst Deinen Bedarf leicht durch pflanzliche Lebensmittel decken. In manchen Fällen ist eine pflanzliche Quelle für den Körper sogar geeigneter.

Noch eine gute Nachricht: Viele der in diesem Buch erwähnten Zutaten bieten genau jene Stoffe, die auch der Käse bietet.

Calcium

Der Calciummangel ist ja immer das Damoklesschwert, das virtuell an die Decke getackert wird, sobald man auch nur erwähnt, keinen Käse zu essen. Die Wahrheit ist: Calcium kannst Du wirklich leicht über pflanzliche Nahrung bekommen.

Die von der deutschen Gesellschaft für Ernährung empfohlene Tagesdosis liegt bei 1000 mg für einen erwachsenen Menschen. Jugendliche brauchen ein bisschen mehr.

In 100 g Milch sind 125 mg enthalten. Du müsstest also theoretisch täglich ungefähr einen Liter Milch trinken, um deinen Tagesbedarf zu decken. Käse ist konzentrierte Milch. Er enthält pro 100 g zwischen 300 und 1300 mg Calcium. Wie viel er enthält, hängt davon ab, wie viel Feuchtigkeit ihm entzogen wurde. Dementsprechend hat Hartkäse das meiste Calcium in sich. Mit anderen Worten: Käse ist in der Tat ein ergiebiger Calcium-Lieferant.

Calcium ist aber nicht nur in Käse enthalten, sondern auch in grünem Blattgemüse, Kohl, Hülsenfrüchten, Mandeln, Nüssen, Rote Bete, Tomaten, Sesam, Sonnenblumenkernen, getrocknetem Obst oder Feigen. 100 g Sesamsamen enthalten zum Beispiel 800 mg Calcium.

Und der Vorteil dabei: DIESES Calcium ist nicht an Casein gebunden wie beim Käse oder bei der Milch. Das heißt, Dein Körper muss es nicht erst abspalten. Und dies wiederum bedeutet, er muss kein körpereigenes Calcium einsetzen, um eine neue Lieferung zu bekommen. Das muss er nämlich bei Milch und Käse tun.

Wenn Du statt Milch Brennnesselsaft trinken würdest - nur mal angenommen, ich weiß, das ist nicht jedermanns Sache - dann würden bereits 500 g reichen, um Deinen Körper ausreichend mit Calcium zu versorgen. Das entspricht ungefähr einem halben Liter. Brokkoli hat pro 100 g rund 100 mg Calcium zu bieten. Lauch fast genauso viel. Grüne Bohnen können sogar mit 200 mg Calcium pro 100 Gramm aufwarten.

Mit anderen Worten: Dein Calcium bekommst Du eh automatisch, wenn Du viel frisches Gemüse und vielleicht auch hin und wieder mal Wildkräuter isst. Darüber hinaus kannst Du Nüsse und Samen in Deine Ernährung einbauen, was Du ja unter anderem durch die Käsealternativen umsetzen kannst.

Eiweiß

Eiweiß, also Proteine, braucht unser Körper, damit er die wichtigen Aminosäuren bekommt. Sie sind wichtig für den Aufbau des Immunsystems, zur Zellerneuerung, Blutbildung oder den Stoffwechsel.

Unser Körper zerlegt das Eiweiß und zieht sich jene Aminosäuren heraus, die er braucht, um daraus sein eigenes Protein zu bauen. Insgesamt gibt es 20 natürliche Aminosäuren, aus denen der Körper seine Proteine basteln kann. Mal braucht er die eine mehr, mal die andere. Acht davon sind "essenziell". Sie sind so etwas wie Grundbausteine. Hat der Körper sie zur Verfügung, dann kann er daraus die anderen auch herstellen. Die essenziellen Aminosäuren kann er dummerweise nicht selbst herstellen. Er muss sie aus der Nahrung beziehen.

Unser Körper kann aus Milch und Käse, also genauer gesagt aus dem Milcheiweiß, 19 der 20 natürlichen Aminosäuren gewinnen. Darunter sind alle acht essenziellen Aminosäuren. Er kann sie aber auch aus pflanzlicher Nahrung beziehen. Das Gute an pflanzlichem Eiweiß ist, dass es so gut wie keine Pflanze gibt, die nicht ALLE Aminosäuren in sich trägt. Lediglich die Menge der enthaltenen Aminosäuren variiert. Nun könnte man jede Aminosäure genau auflisten und dann errechnen, welches Lebensmittel man im besten Fall essen sollte. Ich weiß nicht, wie es Dir geht, aber an diesem Punkt steige ich jedes Mal aus.

Mein Ansatz ist vielleicht naiv, aber er funktioniert wunderbar: Für mich als Konsumentin reicht es darauf zu achten, dass ich die Lebensmittel auf dem Schirm habe, die reich an Eiweiß sind. Und aus diesen stelle ich mir einen bunten Mix zusammen. Den Rest überlasse ich meinem Körper. Der ist schlau, der kann das besser als ich beurteilen.

Glücklicherweise ist es unserem Körper im Prinzip egal, ob er tierisches Eiweiß oder pflanzliches Eiweiß bekommt (außer Du hast eine Allergie auf tierische Eiweiße oder auf bestimmte pflanzliche Nahrungsmittel). Wichtig sind für ihn nur die Aminosäuren - und wichtig ist für ihn auch, wie leicht er die Proteine zerlegen kann.

Die empfohlene Tagesdosis an Eiweiß liegt laut der Deutschen Gesellschaft für Ernährung bei 0,8 g Protein pro Kilogramm Körpergewicht. Im Allgemeinen nehmen wir automatisch weit mehr als diese empfohlene Tagesmenge zu uns. Wenn Du Fleisch oder Eier isst, darfst Du sowieso aufpassen, dass Du nicht zu viel davon abbekommst, denn Deine Nahrung enthält viel tierisches Eiweiß. Falls Du tierische Lebensmittel meidest, ist die folgende Aufzählung ein erster Wegweiser für Dich. Hier sind einige pflanzliche Lebensmittel, die Dir guten Nachschub an Eiweiß liefern:

- Hülsenfrüchte - vor allem Bohnen - sind sehr reich an Eiweiß. Ein Linseneintopf oder Chilli sin Carne sind immer eine gute Idee. Genannt sei hier auch die Sojabohne, denn sie hat einen ähnlich hohen Eiweißgehalt wie die Kuhmilch. Wenn Du darüber hinaus noch Brotaufstriche aus Linsen oder Bohnen verwendest, bekommst Du Eiweiß quasi nebenbei.

- Gemüse: Hier sticht vor allem die Brunnenkresse aus der Masse hervor. Wenn Du Deinem Salat ein Topping aus Brunnenkresse gönnst, dann füllst Du damit Deinen Eiweißvorrat gut auf. Ebenfalls vorne dabei sind Pilze und vor allem das allseits gelobte "grüne" Gemüse: Brokkoli, Rosenkohl, Zucchini oder Spinat sind ausgezeichnete Lieferanten.

- Getreide: vor allem Hafer, aber auch Roggen, Buchweizen und Weizen. Hier sind es in erster Linie die Sprossen und Keime, die viel Eiweiß liefern. Ist das Getreide erst einmal verarbeitet, dürfte nicht mehr so viel drin sein.

- Nüsse und Samen: Auch von ihnen bekommst Du reichlich Eiweiß. Wie unschwer zu erkennen ist, sind gerade Nüsse und Samen die Hauptzutaten der Käseersatz-Produkte.

- Weitere Eiweiß-Quellen: Hefeflocken als Würzzusatz, Süß-wasseralgen wie Spirulina. Spirulina ist übrigens das Mittel der Wahl, wenn Du Eiweiß als Nahrungsergänzung extra einnehmen willst. Bevor Du das tust, sprich aber bitte erst mit Deinem Arzt darüber.

Vitamine

Sind wir mal ehrlich. Niemand hat je Käse gegessen, weil er so viele Vitamine liefert, oder? Wenn Du an Vitamine denkst, welche Lebensmittel fallen Dir dann zunächst ein? Gemüse und Obst, nicht wahr? Ich war noch nie versucht, meinen Vitaminbedarf durch ein Stück Käse zu decken.

Du bekommst Deine Vitamine durch Kräuter, Gemüse, Obst, Hülsenfrüchte, Samen oder Nüsse. Je mehr davon auf Deinem Speisezettel stehen, desto vielfältiger sind auch die Vitamin-quellen, die Du zur Verfügung hast.

Noch einmal möchte ich Dir die Wildkräuter ans Herz legen. Sie sind reich an Vitaminen und Mineralstoffen und darüber hinaus haben sie eine Menge an sekundären Pflanzenstoffen zu bieten. Die genauen Wirkungen wurden noch nicht erforscht - bislang weiß die Wissenschaft nur, dass die sekundären Pflanzenstoffe für unsere Körper sehr wertvoll sind. Wenn Du Dir angewöhnst mit frischen Kräutern zu würzen (und zwar erst NACH dem Kochen), dann nimmst Du eine Menge Nährstoffe nebenbei mit - ohne viel Aufwand.

Käse-Alternativen als Nährstofflieferanten

Wenn man es genau nimmt, dann gibt es auch beim vollkommenen Verzicht auf Milch und Käse nicht so unglaublich viele Nährstoffe aktiv auszugleichen. Es trifft sich gut, dass die Zutaten für die Käse-Alternativen gleichzeitig auch die besten Ersatzlieferanten für Calcium, Eiweiß und Vitamine sind. Du bekommst durch die pflanzlichen Zutaten der Alternativen schon mal einen Teil Deines Nährstoffbedarfs gedeckt.

Es gibt nur zwei Fehler, die bei der Ernährung ohne tierische Produkte immer wieder gemacht werden und die in Folge dazu führen, dass im Gesamtbild Nährstoffe fehlen:

1. Fehler: Kuhmilch und Käse werden ausschließlich durch Sojaprodukte ersetzt.

Aus Soja, so scheint es, kann man einfach alles machen. Nicht nur Milch-Fakes, sondern auch Ei- und Fleischersatz. Diese Bohne kommt in vielen unterschiedlichen Verkleidungen zu uns Konsumenten. Da kann es schon passieren, dass wir vergessen, dass es eigentlich immer nur EIN Nahrungsmittel ist, das wir verzehren - Soja halt. Logisch, dass die Nährstoffbilanz dadurch ins Wanken gerät.

Tipp: Achte auf Vielfalt. Je mehr unterschiedliche unverarbeitete Lebensmittel Du zu Dir nimmst, desto ausgeglichener ist die Bilanz. Denn es sind ja nicht nur Soja, sondern Nüsse, Getreide und Gemüse, welche die Eigenschaften des Käses imitieren sollen.

2. Fehler: Kuhmilch und Käse werden hauptsächlich durch Fertigprodukte ersetzt.

Zugegeben. Praktisch ist es schon, wenn man nicht schnippeln oder einweichen muss. Fertige Produkte sind ein Segen - aber nicht nur. Wer sich ausschließlich von Fertigprodukten ernährt, der verschenkt viele Vitamine und Mineralstoffe, die der Körper gut brauchen könnte. Eine fertige Soße kann mit einer selbstgemachten einfach nicht mithalten, was die Nährstoffe angeht. Denn sie wurde auf jeden Fall hoch erhitzt. Und dabei gehen automatisch viele Nährstoffe kaputt. Manche der selbstgemachten Alternativen hingegen werden noch nicht einmal gekocht, sondern lediglich zerkleinert. Auch beim Kochen geht eine Menge verloren, jedoch niemals so viel wie bei der industriellen Verarbeitung.

Tipp: Mach hin und wieder einige Dinge auch selbst. Dann weißt du, was drin ist und kannst die Nährstoffe erhalten. Ich weiß, dass das schwierig ist, wenn man im Job hängt und dem Terminplaner hinter hechtet. Absolut ... und ich möchte nicht behaupten, dass ich es selbst immer hinbekomme. Aber auch hier macht es der Mix. Mal fertig gekauft, mal selbst gemacht: auf Vorrat und eingefroren.

Kochen ohne Käse

Wenn Du Käse beim Kochen ersetzen willst, dann kannst Du wie bei der Milch im Verhältnis 1 zu 1 denken. Verwende die Menge, die im Rezept steht - nur dass Du halt keinen Kuhmilchkäse, sondern Pflanzenkäse verwendest.

Beim Kochen greife ich oft auf gekauften Käse zurück. Denn obwohl ich die meisten Pflanzenkäse pur nicht besonders mag, funktionieren sie beim Kochen wunderbar. Ich gebe sie auch hin und wieder in die Soße der Aufläufe, weil sie gut zerlaufen.

Kuhmilchkäse brauchst Du im Prinzip nicht einmal für die obligatorischen Käsespätzle. Auch sie funktionieren ziemlich gut mit gekauftem veganen Käse, wenn Du noch kräftig nachwürzt. Das einzige Manko: Der pflanzliche Käse zieht nicht so viele Fäden, wie der aus Kuhmilch.

Absolut ungeeignet ist der gekaufte Käse meiner Meinung nach zum Überbacken. Wenn es ein fertiges Produkt gibt, das hier einen guten Job macht, dann habe ich es noch nicht entdeckt. Alle veganen Reibekäse, die ich ausprobiert habe, haben entweder mies geschmeckt oder sie haben nicht einmal annähernd daran gedacht, knusprig zu werden. Das macht aber nichts, denn es gibt einige Rezepte, mit denen Du die Kruste genauso knusprig hinkriegst wie mit Käse. Sie sind wirklich schnell zubereitet und man kann die Zutaten vorrätig halten.

Wenn Du in einem Rezept lediglich einen leicht käsigen Geschmack haben möchtest, dann erreichst Du das mit Hefeflocken, mit Miso-Paste oder mit Mohn.

Veganen Käse selbst herstellen

Pflanzenkäse oder Nusskäse werden im Grunde ähnlich hergestellt, wie Käse aus Kuhmilch. Der Unterschied besteht darin, dass Du eben Hülsenfrüchte, Nüsse oder Gemüse als Grundzutat verwendest. Während bei der Käseherstellung aus Milch, die Flüssigkeit von der Dickete getrennt wird, bekommen die Zutaten der Käsealternativen meist Flüssigkeit zugesetzt. Die Pflanzenkäse haben gegenüber dem Kuhmilchkäse einen ganz entscheidenden Vorteil. Er ist eher praktischer Natur, aber für mich einer der wichtigsten Vorteile überhaupt. Die meisten Zutaten, die Du dafür brauchst, halten sich nämlich ewig. Du kannst Nüsse, Getreide und die Bindemittel viele Monate aufbewahren. Mit anderen Worten ... selbst wenn Du dem Kuhmilchkäse nicht ganz abschwören willst - mit dem Wissen um die Herstellung von Pflanzenkäse hast Du immer einen Plan B parat.

Pflanzen-Käse mit Reifung

Du hast grundsätzlich zwei Möglichkeiten, veganen Käse selbst herzustellen. Entweder Du willst wirkliche "Käseimitate" herstellen - also pflanzliche Käsesorten mit täuschend echtem Geschmackserlebnis - dann musst Du auf jeden Fall eine Reifezeit mit einplanen. Diese Käse mit Reifung herzustellen ist toll ... aber es ist auch zeitaufwendig und arbeitsintensiv. Die Käse brauchen gleich bleibende Temperaturen, wollen über mehrere Wochen überwacht und gedreht werden. Es macht Spaß, aber alltagstauglich ist es meines Erachtens nicht, wenn Du es zu nicht zu Deinem Hobby auserkoren hast. Eine etwas schnellere Variante sind jene Rezepte, die eine Art "Kurzfermentierung" benötigen. Sie werden meist mit Brottrunk oder Probiotika angesetzt und benötigen lediglich ein paar Tage für die Fermentierung. Die Milchsäurebakterien produzieren in dieser Zeit den typischen Käsegeschmack.

Es gibt tolle Bücher für die Pflanzenkäse-Herstellung MIT Reifung. Beispielsweise die Bücher von Mioko Schinner. Ich kann ihre Bücher wirklich empfehlen. Du findest die Links dazu auf meinem Blog in der Kategorie Buchtipps.

Pflanzen-Käse ohne Reifung

Die zweite Möglichkeit ist die, dass Du Dich eher an Rezepten orientierst, die keine Reifung benötigen. Dann sind die Ergebnisse nicht ganz so identisch wie mit Reifung. Ähnlich schon, super lecker - aber nicht identisch. Einfache Lösungen machen in einem vollen Alltag einfach mehr Sinn, deshalb habe ich den Schwerpunkt in diesem Buch auf jene Rezepte gelegt, die ohne Fermentierung und Reifung auskommen.

Denn auch ohne Reifung bekommst Du einen guten Schnittkäse hin, vorausgesetzt Du verwendest das richtige Bindemittel. Für die meisten Käserezepte benötigst Du das bereits erwähnte Agar-Agar. Manchmal jedoch macht es Sinn, noch weitere Bindemittel hinzuzufügen. Der Grund ist der, dass Agar-Agar ein Geliermittel ist. Manchmal muss die Masse aber auch noch etwas eingedickt werden. Dann kommen die Bindemittel zum Einsatz. Davon gibt es nämlich eine ganze Menge - und alle haben ihre eigenen Vor- und Nachteile. Welche es gibt, habe ich Dir im Kapitel "Zutaten im Einzelnen" aufgelistet.

Grundsätzliche Vorgehensweise

Im Grund ist die Zubereitung eines veganen Käses immer die Gleiche.

1. Du mischt die trockenen Zutaten.
2. Du fügst ihnen Wasser hinzu.

3. Du vermixt sie.

4. Du fügst die Gewürze hinzu.

5. Du fügst das Bindemittel hinzu.

6. Vermixe alles noch einmal.

7. Und bei einigen Rezepten kommt jetzt noch eine Runde im Kochtopf oder im Backofen dazu.

8. Dann wird das Ergebnis in Förmchen gefüllt und kaltgestellt.

Diese grundsätzliche Vorgehensweise kannst Du auf so gut wie alle Rezepte der pflanzlichen Käse übertragen. Lediglich die Mengenangaben und Zutaten variieren.

Rezepte

Die vorgestellten Rezepte werden bei uns sehr gerne gegessen - und zwar von Veganern, Vegetariern UND Omnivoren (oder was es da noch so für seltsame Bezeichnungen gibt), die immer wieder mal mit an unserem Tisch sitzen. Ich habe Vieles ausprobiert und so abgewandelt, vermischt und verändert, damit es für uns im Alltag funktioniert.

Und ich bitte Dich, dies ebenso zu tun. Passe die Rezepte an Deine Vorlieben an! Jedes dieser Rezepte ist wandelbar - mehr Salz, weniger Zucker, ein anderes Mischverhältnis der Zutaten. Experimentiere und verändere es, wenn etwas für Dich nicht passt. Ich habe jedem Rezept einige Tipps angefügt, in denen ich Dir zum Beispiel die Funktion der einzelnen Zutaten erkläre. So weißt Du, WAS Du verändern kannst, wenn Du ein bestimmtes Ergebnis erzielen willst. Sieh es als spannende Entdeckungsreise in eine neue Ernährungswelt, als eine Erweiterung Deines Speisezettels.

Meine Kriterien für die Rezeptauswahl

Da ich bei uns diejenige bin, die am Herd steht (nein, ich mach das freiwillig, niemand zwingt mich), ist eines meiner Kriterien immer: Wie lange dauert die Zubereitung? Ergo: Alle diese Rezepte sind mit vergleichsweise wenig Aufwand zuzubereiten. Käse-alternativen, die zu viel Energie und Zeit in Anspruch nehmen, habe ich weggelassen.

Das zweite Kriterium ist der Geschmack: Einige der aufgeführten Alternativen schmecken nicht unbedingt genauso wie ihre Kuhmilch-Pendants. Aber sie erfüllen den Job, den ich von ihnen erwarte. Der Mozzarella zum Beispiel. Er funktioniert bestens. Ein bisschen anders als Büffelmozzarella, aber er funktioniert. Bei anderen Rezepten wiederum schmeckt man so gut wie keinen Unterschied. Dazu gehört zum Beispiel der Feta.

Drittes Kriterium: Nährstoffe und Natürlichkeit. Du wirst nur ein Rezept finden, das Soja enthält. Und das ist Tempeh, also fermentiertes Soja. Ich will eine gesunde Mischung meiner Zutaten haben. Und Soja ist wie Milch und Käse leider inzwischen überall vertreten. Vor allem die Milchersatzprodukte im Handel enthalten zum großen Teil Soja. Wenn ich es selbst zubereite, möchte ich auch andere Zutaten verwenden, als die die es im Handel gibt.

Viertes Kriterium: Gute und gängige Zutaten. Alle Zutaten bekommst Du ohne Probleme im Handel. Ich rate zwar prinzipiell von Zutaten ab, die konventionell hergestellt wurden, aber das ist nur meine persönliche Überzeugung. Es bringt mir nichts, wenn ich Milch vermeide, weil sie meinem Körper nicht gut tut, dann aber zum Beispiel billige Mandeln verwende, die möglicherweise mit Arsenrückständen oder Pestiziden belastet sind.

Klar, wir können uns heutzutage auch bei Bio-Produkten nicht sicher sein. Dennoch gibt es bei diesen Produkten einige gesetzliche Richtlinien, die - wenn sie eingehalten werden - für die Qualität der Produkte sprechen.

Werkzeug

Natürlich ist es klasse, wenn Du hochkarätiges Werkzeug zur Verfügung hast. Im Großen und Ganzen brauchst Du für die Zubereitung der Käse-Alternativen aber nur das gängige Hand-werkszeug, das Du wahrscheinlich eh bereits in Deiner Küche hast:

- Mixer: Du brauchst keinen Hochleistungsmixer für tausend Euro, auch wenn das immer wieder empfohlen wird. Die meisten handelsüblichen Mixer erzielen ziemlich gute Resultate. Sie brauchen zwar vielleicht ein paar Minuten länger als die Luxusklasse, aber alle Rezepte kannst Du auch mit "normalen" Mixern zubereiten. Viele Gerichte gelingen sogar einwandfrei mit dem Pürierstab.

- Falls Du Dir einen leistungsstarken Mixer zulegen willst und nicht genau weißt, wie die Dinger überhaupt aussehen … auf meinem Blog (www.anstattdessen.de) gibt es eine Seite mit Produktlinks. Dort sind einige Mixer vorgestellt.

- Formen für den Käse. In den meisten Rezepten wird zuerst eine Masse zubereitet, die dann im Kühlschrank fest werden soll. Es ist natürlich toll, wenn der Käse-Fake später auch noch eine ähnliche Form hat wie sein Vorbild. Ich habe mir dazu nach und nach unterschiedliche Keramikformen zugelegt. Kleine Creme Brulée Schälchen eignen sich zum Beispiel hervorragend für eckige Käse"laibchen".

Was kannst Du sonst noch brauchen?

- Rührgerät
- Pürierstab
- Kühlschrank/Gefrierschrank
- Herd/Backofen
- Dörrgerät

Einheiten und Mengenangaben

Ich habe bei einigen Rezepten mit Angaben in Teilen gearbeitet. Der Grund: Der eine macht gerne etwas mehr, und der andere braucht einfach kleinere Portionen. Wie oft muss ich erst einmal umrechnen, wenn ich Rezepte ausprobieren möchte, weil ich keine vier Personen bekochen will.

Wenn Du unsicher bist, dann nimm immer erst einmal 100 ml oder g für die Angabe "1 Teil".

Oder Du nimmst eine Tasse und füllst "1 Teil" ab. Dann weißt Du, wie viel "3 Teile" sind, nämlich 3 Tassen. Im Prinzip geht es um das Verhältnis der Zutaten zueinander.

Ansonsten habe ich die ganz normalen Maßeinheiten angegeben:

- Gramm = g

- Millimeter = ml

- Liter = l

- Teelöffel = Tl = 5 ml = 3-4 g

- Esslöffel = El = 3 Tl = 12 - 15 ml = 9 - 12 g

- Messerspitze = Menge, die auf die Spitze eines stumpfen Messers passt (eher über 100 mg).

- Prise = Menge, die Du zwischen Daumen und Zeigefinger nehmen kannst (eher unter 100 mg).

STATT Parmesan: mit Nüssen

Den Nussparmesan haben wir immer parat. Wir nutzen ihn als eine Alternative zu Parmesan. Bis ich dieses Rezept und seine Varianten für uns entdeckt hatte, war es schwer für mich, auf diesen geriebenen Hartkäse zu verzichten. Ich hab ihn früher über nahezu alle Nudelgerichte gestreuselt. Aber da Parmesan nicht einmal vegetarisch ist (Kälbermagen, sprich Lab, ist ein wichtiger Bestandteil des Herstellungsprozesses), wollte ich ihn irgendwann nicht mehr kaufen. Ich habe lang gesucht und probiert und zwei Varianten kommen bei uns abwechselnd zu Einsatz. Hier ist unser Vorschlag Nummer eins.

Zutaten

1 Teil Walnüsse
1 Teil geschälte Mandeln
1/2 Teil Sesamsamen
Hefeflocken
Salz
Optional Kräuter deiner Wahl

Zubereitung

1. Wie immer dürfen die Nüsse über Nacht eingeweicht werden. Ohne diese Prozedur ginge der Nussparmesan noch schneller. So braucht es etwas Planung, da die Nüsse dann erst wieder trocken werden müssen.

2. Lass die Nüsse nach dem Einweichen trocknen - entweder mehrere Stunden im Ofen bei 50 Grad (Tür des Backofens ein wenig offen lassen) oder Du breitest sie einige Tage auf einem Tablett aus und trocknest sie an der Luft. Dann musst Du sie immer wieder mal wenden, sonst schimmeln sie.

3. Röste die Nüsse in der Pfanne, das gibt einen würzigeren Geschmack.

4. Wenn die Nüsse strohtrocken sind, dann werden sie gehäckselt bis das Ergebnis die Konsistenz von streu-fähigem Parmesan hat.

5. Dann mische noch die (trockenen) Gewürze unter die Streusel.

6. Fertig.

Tipps

- Die Mengenangaben sind hier nicht das Maß der Dinge. Sie hängen davon ab, was Dir schmeckt. Du kannst nach Belieben variieren: den Sesam weglassen, Leinsamen dazu - oder Brennnesselsamen, mehr oder weniger Salz, Kräutersalz … andere Nüsse. Manchmal nehmen wir statt der Mandeln zum Beispiel Cashews oder Haselnüsse. Das ergibt einen anderen Geschmack. Probiere aus, experimentiere mit kleinen Mengen. :)

- Du kannst auch fertig gesalzene Nüsse oder Mandeln nehmen.

Das ist ohne weiteres möglich. Ob Du ein Fertigprodukt in Deinem DIY-Fake-Parmesan haben möchtest, musst Du selbst entscheiden. Es hat keinen Einfluss auf das Gelingen des Rezeptes.

- Wenn es Dir wichtig ist, dass Dein Nuss-Parmesan hell und ohne dunkle Pünktchen ist, dann achte darauf, dass du nur Nüsse ohne Haut und helle Samen verwendest. Alles andere ergibt einen dunkleren Look als Kuhmilchparmesan.

- Die Hefeflocken sind die Zutat, die diesen würzigen käsigen Geschmack liefert, den man hinten auf der Zunge wahrnimmt. Auch hier - experimentiere, wie viel Du davon drin haben willst. Du kannst sie auch weglassen.

- Vorschlag: Probiere statt Hefeflocken ein Kräutersalz mit Liebstöckel. Oder Du gibst ein wenig Rauchsalz mit hinein.

- Der Fake-Parmesan hält sich, aufbewahrt in einem Bügelglas, recht lange. Allerdings solltest Du unbedingt darauf achten, dass alle Feuchtigkeit aus den Nüssen raus ist, sonst schimmelt Dein Nudeltopping. Wenn du ganz sicher gehen willst, dann trockne die Nussmehl-Mischung nach dem mahlen noch einmal bei 50 Grad im Backofen (bitte vor Zugabe der Hefeflocken), bis sie staubtrocken ist.

- Bei diesem Rezept kannst Du auch den Trester verwenden, der bei Nuss- oder Mandelmilch anfällt.

STATT Parmesan: mit Sonnenblumenkernen

Falls Du unsicher bist, was Du alles für den Parmesanersatz kombinieren kannst, habe ich Dir noch eine andere Zusammenstellung aufgeschrieben. Das vorhergehende Rezept schmeckt allen in der Familie, diese Variante ist mein persönlicher Favorit - mit Abstand. Der Vorteil an dieser Mischung ist: Die Zutaten sind regional, günstiger als Mandeln und Walnüsse und da Du nur drei Zutaten brauchst, eignet sie sich hervorragend als Joker, falls die andere Mischung aufgebraucht ist.

Zutaten

Sonnenblumenkerne
Hefeflocken
Salz
Optional Kräuter deiner Wahl

Zubereitung

1. Röste die Sonnenblumenkerne ohne Öl an.
2. Wenn die gerösteten Kernchen abgekühlt sind, kommen sie mit den Gewürzen in den Schredder.
3. Fertig.

Tipps

- Auch hier sind die Mengenangaben Deine Entscheidung. Mach es nach Gefühl und Geschmack.
- Sei vorsichtig mit dem Salz. Es wird schnell zu salzig, die Sonnenblumenkerne verstärken den Geschmack.

- Falls Du Wert auf eine helle Farbe legst, dann röste die Kernchen nicht zu lange, damit sie nicht bräunen. Achtung, das kann ganz schnell gehen. Bleib am besten dabei und halte sie in der Pfanne in Bewegung.

- Die Hefeflocken sind die Zutat, die diesen würzigen käsigen Geschmack liefert, den man hinten auf der Zunge wahrnimmt. Auch hier: Experimentiere, wie viel Du davon drin haben willst. Du kannst sie auch weglassen.

- Vorschlag: Probier statt Hefeflocken ein Kräutersalz mit Liebstöckel. Oder Du gibst ein wenig Rauchsalz mit hinein.

- Der Fake-Parmesan hält sich, aufbewahrt in einem Bügelglas, mehrere Monate.

Käseersatz zum Überbacken

Eines der wichtigsten Einsatzgebiete von Käse ist natürlich das Überbacken von Aufläufen, Lasagne und Pizza. Im Handel gibt es verschiedene Schmelzkäse-Angebote ohne Milch, auf die Du zurückgreifen kannst. Allerdings sind diese ziemlich teuer und man muss den Geschmack mögen. Ich mach das lieber selbst, denn es geht schnell. Weil die Geschmäcker verschieden sind, stelle ich Dir verschiedene Varianten vor. Jede schmeckt unterschiedlich und hat eigene Stärken und Schwächen.

Welche Du bevorzugst, kommt darauf an, was Du von der Käseschicht auf Deinem Gericht erwartest. Eher knusprig? Dann kommt die Cashew-Krusten-Variante in Frage. Eher pikant? Dann nimm den Klassiker - Hefeschmelz. Auf dem Bild siehst Du eine Ofenpizza - überbacken mit Cashew (links oben), mit Hefeschmelz (links unten) und mit Kuhmilch-Käse (rechts).

Einige Methoden, ein Gericht zu überbacken, sind recht einfach. Du kannst zum Beispiel flux Semmelbrösel mit Öl und Gewürzen vermischen und diese dann über Deinen Auflauf geben. Dabei musst Du nur beachten, dass die Semmelbrösel eventuell schneller braun werden, als Dein Gericht gar wird. Sie brauchen bei 200 Grad höchstens 10 Minuten, mehr nicht. Also gib sie gegebenenfalls erst kurz vor Schluss zum Überbacken auf Dein Gericht.Mit den Semmelbröseln bekommst Du allerdings keine durchgehende Schicht geliefert. Sie sind nach dem Backen noch genauso bröselig wie vorher. Geschmackssache halt …

Im Folgenden findest Du weitere Vorschläge, wie Du Pizza, Lasagne und Co. eine pikante oder knusprige Kruste verpassen kannst.

Überbacken mit Pflanzensahne

Diese Art Gerichte zu Überbacken ist nicht crossy, aber schön cremig. Sie eignet sich gut für Aufläufe oder Quiche.

Zutaten

75 ml Pflanzensahne (z.b. Hafercuisine)
2 El Öl Deiner Wahl (z.b. Olivenöl)
Salz
Pfeffer

Optional:
Hefeflocken
Kurkuma
Senf
Muskat

Zubereitung

1. Mische die Pflanzensahne und das Öl gut durch (am besten mit dem Pürierstab).
2. Gib die Gewürze hinzu.
3. Diese Mischung kochst Du auf und lässt sie solange auf kleiner Flamme köcheln, bis sie dickflüssig wird.
4. Sobald sie richtig schön dick ist, kommt sie auf das Gericht und mit in den Ofen.

Tipps

- Das Überbacken mit Pflanzensahne eignet sich vor allem für Aufläufe.

- Das Öl verleiht der Pflanzensahne das nötige Fett.

- Die Mischung muss wirklich richtig dickflüssig sein, sonst haut Dir die Sahne in die unteren Schichten des Auflaufs ab und spielt Soße. Also über Dich in Geduld und lass ihr die Zeit, die sie braucht, die richtige Konsistenz zu erreichen.

- Dieses Rezept ergibt keine knusprige Kruste. Falls Du Wert auf Knusperkruste legst, gib Semmelbrösel mit hinein, dann cruncht es ein bisschen mehr, kommt aber nicht an Knusper-spezialisten wie die Chips-Kruste heran.

- Kurkuma verleiht der Mischung die richtige Farbe. Du brauchst nur sehr wenig - eine halbe Messerspitze höchstens. Sonst wird es quietschegelb.

- Auch der Senf macht die Mischung noch einmal gelb.

Überbacken mit Nüssen

Es gibt Leute, die schwören darauf. Allerdings darfst Du den Eigengeschmack der Nüsse berücksichtigen. Diese Variante

Zutaten

150 g Nüsse Deiner Wahl (evtl. eingeweicht)
1 El Sesammus
1 Tl Zitronensaft
Salz
120 ml Wasser

Zubereitung

1. Weiche die Nüsse vorher in extra Wasser ein und gieße das
   Einweichwasser ab.
2. Püriere sie mit der Menge Wasser, die im Rezept angegeben
   wurde.
3. Gib die übrigen Zutaten mit hinzu und mische alles noch
   einmal gut durch.
4. Koche diese Mischung einmal kurz auf.
5. Rühren ist hier seeehr wichtig. Die Masse brennt gerne an
   - und vor allem: Sie beeilt sich damit!!! Also hör nicht auf
   zu rühren, bis Du sie wieder von der Herdplatte nimmst.
   Dauert ja nicht lange.
6. Würze nach, falls noch etwas fehlt.
7. Verteile die Masse in Flöckchen auf Deiner Pizza oder
   Lasagne.
8. Dann backe Deine Pizza wie gewohnt.

Tipps

- Du kannst für dieses Rezept fast alle Nüsse verwenden. Nüsse, wie Wal- oder auch Haselnüsse, bieten ganz neue Geschmäcker beim Überbacken. Probiere es aus.

- Falls Du auch bei anderen Nüssen Wert auf einen käsigen Geschmack legst, gib noch Hefeflocken oder Mohn vor dem Pürieren hinzu.

- Nach dem Aufkochen ist diese Paste sehr dicklich. Du kannst auf Deiner Pizza quasi Flöckchen verteilen. Sie zerläuft kaum, wenn sie heiß wird. Das ist einer der größten Unterschiede zum Hefeschmelz.

- Die Nuss-Kruste ist - je nach Nussart - leicht knusprig. Sie eignet sich für alle Gerichte.

Überbacken mit Cashew

Wenn es um Käsefakes geht, sind Cashews die Stars - auch beim Überbacken.

Zutaten

Eine Packung gesalzene Cashewkerne (ca. 100 g)
80 ml Wasser

Zubereitung

1. Püriere die Cashewkerne mit dem Wasser.
2. Koche diese Mischung einmal kurz auf.
3. Vergiss das Rühren nicht, die Masse brennt gerne an.
4. Würze nach, falls noch etwas fehlt.
5. Verteile die Masse in Flöckchen auf Deiner Pizza oder Lasagne.
6. Dann backe Deine Pizza wie gewohnt.

Tipps

- Die Vorteile der Cashewkerne sind eindeutig die, dass sie knusprig werden, leicht käsig schmecken und zudem ohne dunkle Haut zu haben sind. Deshalb bekommst Du mit Cashews auch ohne Hefeflocken einen leicht käsigen Geschmack hin.

- Nach dem Aufkochen ist diese Paste sehr dicklich. Du kannst auf Deiner Pizza die bereits erwähnten Flöckchen verteilen. Sie zerläuft kaum, wenn sie heiß wird. Das ist einer der größten Unterschiede zum Hefeschmelz.

- Die Cashew-Käsekruste eignet sich für alle Gerichte, vor allem aber für Pizza.

Überbacken mit Chips

Wenn alle Stricke reissen, kannst Du ein Gericht auch mit Chips überbacken - jepp, richtig gehört, mit Kartoffelchips. Ich nehme dazu am ehesten die gesalzenen Chips, aber es funktionieren auch alle anderen Geschmacksrichtungen. Das ist vor allem eine gute Verwendung für Chips, die schon ein wenig lapprig sind.

Zutaten

1 bis 2 Hände voll Chips
1 El Mehl
2 El Öl

Zubereitung

1. Zuerst werden die Chips zerkrümelt und zwar gründlich.
2. Vermische die Chipskrümel mit dem Mehl und dann mit dem Öl.
3. Gib die Chips-Mehl-Öl-Mischung 10 Minuten vor dem Ende der Garzeit auf das Gericht, das Du überbacken willst.

Tipps

- Die Chips werden während des Backens wirklich richtig crunchy. Das ist der große Vorteil dieser Variante.

- Wenn Du offene Chips-Packungen im Schrank hast, kannst Du diese ruhig verwenden, auch wenn sie schon lapprig sind. Durch das Backen werden die Chips wieder knackig.

- Da die Chips relativ schnell sehr braun werden und verbrennen, darfst Du sie erst später auf die Pizza geben. Sonst hast Du eine schwarze Kruste.

- Falls Du Käse ersetzen willst, weil Du vegan leben willst, darfst Du sehr genau darauf achten, welche Chips Du verwendest. Nicht alle Produkte sind vegan, einige sind nicht einmal vegetarisch. Also: Zutatenliste studieren.

Überbacken mit "Hefeschmelz"

Der Klassiker des veganen Käseersatzes - aber Hefeflocken pur. Und dies ist nicht jedermanns Sache. Hefeschmelz wird nicht knusprig, kein bisschen. Dafür ist er sehr intensiv im Geschmack. Das muss man mögen.

Zutaten (Angaben reichen für ein Blech Pizza)

50 Gramm Öl
3 Tl Mehl
150 ml Wasser
4 El Hefeflocken
Salz
Pfeffer

Optionale Gewürze:
1 knappen Tl Senf
Kräuter
1 Msp. Kurkuma (für die Farbe)

Zubereitung

1. Erwärme das Öl.
2. Rühre das Mehl langsam unter, während das Ganze bei kleiner Flamme warm gehalten wird - mit anderen Worten, Du bereitest eine Mehlschwitze zu.
3. Lösche sie mit dem Wasser ab und gib die Hefeflocken dazu.
4. Jetzt wird die Mischung relativ schnell fest, bis es glibbert.
5. Rühren, rühren, rühren ... weil sich sonst das Öl ganz

schnell wieder von der Masse trennt. Am besten Du mixt den Hefeschmelz kurz mit einem Pürierstab durch, dann verbinden sich die Zutaten sehr schnell.

6. Würzen, bitte.

7. Nun kannst Du die Masse auf Deiner Pizza verteilen.

Tipps

- Du kannst den Hefeschmelz auch mit Margarine statt mit Öl zubereiten.

- Es wäre übertrieben zu behaupten, der Hefeschmelz sei knusprig. Eher das Gegenteil. Er schmeckt gut - ohne Frage. Und er gehört seit Jahren zu den gängigen Methoden in der veganen Szene, wenn es darum geht, Schmelzkäse zu ersetzen. Deshalb habe ich ihn als Klassiker auch hier aufgenommen. Mein Favorit ist der Hefeschmelz nicht. Mir ist die Sache zu glibberig, und zudem sind mir zu viele Hefeflocken drin. Auch wenn es sich dabei um "natürliche" Hefe handelt, darf man nicht vergessen, dass es dennoch ein Geschmacksverstärker ist. Da die Hefeflocken im Ofen mitbruzzeln, kann der Hefeschmelz auch nicht mit Nährstoffen punkten. Die sind in der Hitze verpufft.

- Ich finde, dass man durch den Hefeschmelz fast nichts mehr vom Pizzabelag schmeckt. Deshalb eignet sich der Hefeschmelz vor allem für Gerichte, die einen sehr starken Eigengeschmack haben. Bei "sanfteren" Gerichten schlägt er alle anderen Geschmäcker k.o.

STATT Feta: mit Cashew

Dieser Feta-Fake kommt dem Original schon sehr nahe. Bei diesem Rezept wird zuerst püriert, die Masse dann gebacken und anschließend mariniert. Es ist etwas aufwendiger, aber es lohnt sich. Wenn er mariniert ist, dann schmeckt man so gut wie keinen Unterschied zum Original-Feta. Ich hab immer ein Glas davon im Kühlschrank - eingelegt in einer Olivenöl-Kräuter-Marinade. Er macht sich wunderbar zu Salat oder zu Tomaten.

Zutaten

Feta-Masse:
200 g Cashewkerne
125 ml Wasser UND zusätzlich Wasser zum Einweichen
2 Tl Agar-Agar Pulver
50 ml Wasser für Agar-Agar
35 ml Zitronensaft

1 1/2 Tl Salz

2 El Olivenöl

2 El Hefeflocken

1 El Apfelessig

Marinade:

Gutes Olivenöl

Liebstöckel

Petersilie

Estragon

Rosmarin

Pfefferkörner

Getrocknete Tomaten

Chilli (wer es scharf mag)

Oder alle anderen Kräuter - je nach Vorliebe

Zubereitung

1. Weiche die Cashews einige Stunden in Wasser ein - oder auch nicht. ;)

2. Wenn Du sie eingeweicht hast, gieße das Wasser ab und gib die Nüsse in den Mixer. Die Cashews sind weicher als andere Nüsse, deshalb funktioniert in diesem Fall auch ein Pürierstab.

3. Nun folgen alle anderen Zutaten. Die Funktion von Wasser und Salz ist klar. Zitronensaft und Essig verleihen der Masse den leicht sauren Touch. Und die Hefeflocken sorgen für das Käsefeeling.

4. Heize den Backofen auf 180 Grad Unter/Oberhitze vor und bereite schon einmal eine kleine Auflaufform vor - einfetten, bzw. einölen.

5. Sobald alle Zutaten bei den Cashews im Mixer

angekommen sind, werden sie zu einer sämigen Masse gemixt.

6. Jetzt hat die Stunde des Agar-Agar geschlagen. Es ist Zeit, dem Feta-Fake Festigkeit zu verleihen. Gib das Agar-Agar mit 50 ml Wasser in einen Topf und koche es unter Rühren kurz auf.

7. Du darfst schnell sein, denn das Agar-Agar ist es auch - es wird flux so fest, dass Du es schneiden kannst. Das aufgekochte Agar-Agar kommt zu den Cashews in den Mixer. Noch einmal muss er kurz auf höchster Stufe arbeiten. Die Masse sollte ganz fein sein, ohne Klümpchen.

8. Der Feta-Teig kommt nun in die Form, wird glatt gestrichen und darf 40 Minuten auf der mittleren Schiene im vorgeheizten Backofen backen.

9. Nach 30 Minuten wird die Masse mit Backpapier abgedeckt, damit sie ihre helle Farbe behält (wir wollen die Illusion ja nicht zerstören).

10. Mach eine Garprobe mit einem Holzstäbchen. Wenn nichts kleben bleibt, ist es fertig.

11. Nach dem Backen darf das Werk erst einmal abkühlen. Danach wird es gestürzt und in Würfel geschnitten.

12. Jetzt kommt die Marinade zum Einsatz: Gib alle Zutaten für die Marinade zusammen in ein hohes Gefäß und rühre sie an. Fülle die Würfel in ein leeres Marmeladeglas und gib die fertige Marinade über die Würfelchen bis diese ganz bedeckt sind.

Backen: 180 Grad, Ober-Unterhitze, 40 Minuten

Tipps

- Ich nehme kleine viereckige Pudding-Schälchen für meine Feta-Back-Aktionen. Damit sich diese gut stürzen lassen, schneide ich mir passende Backpapier-Vierecke aus und lege diese auf den Boden. Denn trotz Einölen klebt die Masse oft fest. Die Ränder kann man wunderbar mit dem Messer lösen, aber am Boden bleibt immer ein bisschen was kleben. Mit Backpapier löst sich der fertige Feta ganz leicht und Du kannst das Papier danach souverän abziehen.

- Da wir bei diesem Rezept keinen Hartkäse erreichen wollen, musst Du das Agar-Agar nur kurz aufkochen, das langt für eine sämige Festigkeit - eben genauso wie Feta sein sollte. Die Festigkeit nimmt zu, je länger Du das Agar-Agar unter Rühren vor sich hin sibbern lässt.

- Die Backzeit variiert von Ofen zu Ofen, deshalb rate ich Dir, die Konsistenz Deines Fetafakes zu prüfen. Er sollte fest sein, aber nicht hart oder knusprig.

- Falls Du den Feta kräftiger willst, dann kannst Du die Mengen der Gewürze ohne Bedenken erhöhen.

- Wenn Du die Masse nicht lang genug gebacken hast, dann erinnert die Konsistenz ein bisschen an Seidentofu, wenn der Feta zu lange im Backofen war, dann erhältst Du vom Ergebnis eher einen Grillkäse (siehe nächstes Rezept).

- Der Feta-Fake schmeckt lecker auf Salat oder als Füllung für Blätterteig. Ich verwende ihn fast genauso wie ich früher Feta verwendet habe.

- Der eingelegte Feta hält sich ewig. Und er wird mit der Zeit immer besser. Er schmeckt aber auch schon direkt nach der Zubereitung. Wichtig ist, dass alle Fetafake-Stückchen mit Öl bedeckt sind.

- Nicht erschrecken: Wenn Du ein ganzes Marmeladeglas mit Öl füllst ist die Vorratsflasche erst einmal leer. Aber dieses Öl ist nicht verloren. Du kannst das marinierte Öl, in dem der Feta-Fake ruht, für den Salat verwenden. Deshalb ist es besser, die Marinade nicht allzu scharf zu würzen. Je nach Bedarf kannst Du ja frische scharfe Chilli über die Feta-Häppchen streuen.

STATT Grillkäse: mit Cashew

Dieser Backkäse-Fake erinnert an den Grill-Feta, den Du im Handel bekommst. Er ist nur nicht so zäh. Du kannst ihn auf den Grill legen, ihn aber auch zu Salat oder Gemüse essen. Die Basis bildet das Cashew-Feta-Rezept, leicht abgewandelt. Beim Grillkäse-Fake wird die Masse in etwas kleinere Förmchen gefüllt. Ich habe dafür Muffinförmchen genommen und diese nicht abgedeckt. Bei gleicher Backzeit kommt dadurch ein dunkleres und festeres Ergebnis heraus. Was Du alles damit machen kannst - außer sie gleich aus der Muffinform heraus zu mampfen - verrate ich Dir in den Tipps unterhalb des Rezepts.

Zutaten

200 g Cashewkerne
125 ml Wasser und Wasser zum Einweichen
1 1/2 gehäufte Tl Agar-Agar Pulver

50 ml Wasser für Agar-Agar

30 ml Zitronensaft

1 1/2 Tl Salz

2 El Olivenöl

2 El Hefeflocken

1 Tl Apfelessig

Evtl. Raucharoma oder Rauchsalz

Zubereitung

1. Die Zubereitung funktioniert genau wie beim Feta-Fake. Allerdings nimmst Du kleinere Förmchen - nämlich Muffinförmchen und Du deckst die Masse nicht ab mit Backpapier.

2. Weiche die Cashews einige Stunden in Wasser ein - oder auch nicht. ;)

3. Wenn Du sie eingeweicht hast, gieße das Wasser ab und gib die Nüsse in den Mixer. Cashews sind weich, deshalb funktioniert in diesem Fall auch ein Pürierstab.

4. Nun folgen alle anderen Zutaten. Die Funktion von Wasser und Salz ist klar. Zitronensaft und Essig verleihen der Masse den leicht sauren Touch, allerdings nehmen wir beim Grillkäse etwas weniger Säure als beim Feta. Und die Hefeflocken sorgen für einen leicht käsigen Geschmack. Das Raucharoma, falls Du es verwenden willst, unterstreicht noch einmal das Barbecue-Feeling. Soll ja ein Grillkäse sein. ;)

5. Heize den Backofen auf 180 Grad Unter/Oberhitze vor und bereite schon einmal die Muffinform vor - einfetten, bzw. einölen.

6. Sobald alle Zutaten bei den Cashews im Mixbecher angekommen sind, werden sie zu einer sämigen Masse gemixt.

7. Jetzt hat das Agar-Agar seinen Auftritt. Es ist Zeit, dem Grillkäse die Festigkeit zu verleihen. Gib das Agar-Agar mit 50 ml Wasser in einen Topf und koche es unter Rühren etwa 3 Minuten auf. Ab jetzt darfst Du schnell sein. Das Agar-Agar wird sehr rasch fest.

8. Das heiße Agar-Agar kommt zu den Cashews in den Mixer. Noch einmal auf höchster Stufe kurz mixen. Beim Grillkäse darf in der Masse auch das ein oder andere Krümelchen spürbar sein. Hier stört es nicht so sehr.

9. Der fertige Teig kommt in die Muffinförmchen, wird glatt gestrichen und darf nun 35 bis 40 Minuten auf der mittleren Schiene backen.

180 Grad/ Unter- Oberhitze, 35 bis 40 Minuten

Tipps

- Diese Grillkäse-Häppchen halten sich im Kühlschrank etwas über eine Woche.

- Du kannst mit ihnen eine ganze Menge anstellen: auf den Grill legen, noch einmal in der Pfanne anbraten oder sie auf die Schnelle kalt als Fingerfood mit einer scharfen Salsa servieren.

- Du kannst sie auch panieren und statt gebackenen Camenbert servieren. Es wird sich zwar niemand täuschen lassen, denn wie Camenbert schmecken sie auf keinen Fall (dafür gibt es bessere Rezepte) und sie werden innen auch nicht flüssig wie Kuhmilchkäse, aber sie sind eine gute Alternative zu diesem Käse-Gericht.

- Ich bereite immer gleich mehrere dieser Häppchen vor und friere einen Teil ein. Da ich eigentlich ein Faulei bin, kommt es mir absolut entgegen, auf Vorrat zu kochen - dann muss ich nur einmal abwaschen. ;)

- Du kannst den Teig dieser Häppchen auch wunderbar noch einmal aufpeppen. Gib doch einfach noch getrocknete Tomaten in die Masse und lass sie mitbacken. Oder wie wäre es mit Oliven? Alles kann, nix muss.

STATT Mozzarella: mit Hanfsamen

Von all den vielen Rezepten, die so zu Mozzarella herumschwirren, mag ich dieses am liebsten. Zum einen, weil es mit Hanfsamen gemacht wird. Das ist mal etwas anderes als Soja oder Cashews. Zum anderen, weil dieser Mozzarella-Fake nicht so glibberig ist, wie seine Kollegen. Ich finde, er kommt näher an die Haptik heran, die wir von Mozzarella kennen. In Bezug auf das Aussehen kann er allerdings nicht täuschen - er sieht schlichtweg nicht aus wie Kuhmilch-Mozzarella, höchstens ein bisschen. Aber er erfüllt seinen Job ausgesprochen gut. Mozzarella mit Tomaten ist bei uns durch dieses Rezept auch ohne Käse noch zu Hause.

Zutaten

1,5 El Hanfsamen geschält (hell)
2 El Flohsamenschalen
60 ml Wasser

1 El Zitronensaft

Salz

1 Tl Hefeflocken

Zubereitung

1. Es geht schnell und einfach: Alle Zutaten außer die Flohsamen kommen in den Mixer, mixen.
2. Flohsamen dazu, mixen. Die Flohsamenschalen quellen
   schon beim Mixen auf und es wird relativ schnell ein dicker
   Teig, der sich formen lässt.
3. Bringe den Mozzarella-Fake in Form - rund, eckig, herz-
   förmig, ganz wie Du möchtest.
4. Stelle ihn kalt.
5. Fertig. :)

Tipps

• Eigentlich kann man bei diesem Gericht nichts falsch machen.
  Die Masse wird schon im Mixer immer fester, so dass Du den
  Mozzarella-Fake sofort nach der Zubereitung zu einem Bällchen
  - oder zu was auch immer Du möchtest - formen kannst. Du
  kannst ihn auch in Pralinenförmchen streichen, dann hast Du
  Mini-Mozzarella-Fakes.

• Es gibt im Handel mittlerweile helle und dunkle Hanfsamen.
  Geschmacklich macht es keinen Unterschied, welche Du
  verwendest. Lediglich der Optik schadet es, wenn Du die
  dunklen vermixt.

- Sobald der Mozzarella-Ball kalt ist, schneide ihn in Scheiben, bette ihn mit Tomaten und Basilikum auf einen Teller und gib ein wenig Essig-Sirup darüber.

- Der Hanf-Mozzarella hält sich im Kühlschrank bis zu einer Woche.

STATT Streichkäse: mit Cashew

Dieser Käse bekommt seine Streichfähigkeit ebenfalls von Agar-Agar. Cashews und Hefeflocken schenken ihm den leicht käsigen Geschmack. In der Konsistenz erinnert er an einen schnittfesten Weichkäse.

Zutaten

100 g Cashews
400 ml Wasser
2,5 Tl Agar Agar
2 bis 3 El Hefeflocken
1/2 Zitrone (den Saft davon)
Kurkuma oder Paprika (eine Winzigkeit für die Farbe)

Zubereitung

1. Weiche die Nüsse 2 bis 3 Stunden ein.
2. Gib ALLE Zutaten - auch das Agar Agar - in den Mixer und lass ihn solange arbeiten, bis Du eine feine Masse hast.
3. Diese kommt dann in einen Topf und wird aufgekocht.
4. Nach 1 bis 2 Minuten köcheln ist die Käse-Fake-Masse fertig.
5. Sie wird nun in eine Form Deiner Wahl gefüllt und über Nacht gekühlt.
6. Fertig.

Tipps

- Der falsche Käse lässt sich sowohl aufs Brot streichen, als auch gestückelt verzehren. Du kannst ihn auch zum Überbacken verwenden. Er zerfließt. Allerdings finde ich das Ergebnis dann eher langweilig.

- Du kannst die Festigkeit durch das Agar-Agar steuern. Wenn Du den Käse fester haben möchtest, dann gib einfach mehr als die angegebene Menge zu den Cashews und lass es ein länger köcheln. Aber Achtung: Agar-Agar hat - wenn man zu viel verwendet - einen Eigengeschmack. Dann schmeckt Dein Käse-Fake nach Algen, was nicht unbedingt im Sinne des Erfinders ist. ;)

- Wenn Du auf eine gelbe Farbe Wert legst, dann gib ein bisschen Kurkuma mit hinein - ganz wenig. Eine Messerspitze reicht. Sonst sieht Dein Käse aus wie ein Quietscheentchen. Für eine rötliche Farbe nimm statt Kurkuma einfach Paprika.

STATT Käsesoße: mit Gemüse

Diese "Käse"-Soße ist der Knaller. Nicht ein Fitzelchen Käse ist da drin, dafür Gemüse - und wieder einmal Cashews. Und sie schmeckt so gut, dass ich inzwischen immer etwas auf Vorrat eingefroren habe. Dieses Rezept ist in verschiedenen Varianten bereits länger im Internet unterwegs. Das Original stammt, glaube ich von Jamie Oliver, aber wer weiß das schon mit Sicherheit. Ich stelle hier unsere Lieblingskombination vor. Mit diesen Mengenangaben reicht die Käsesoße locker für vier Personen.

Zutaten

150 g Kartoffeln

60 g Karotten

1 Zwiebel

1 Knoblauchzehe

60 g Cashewkerne

240 ml Wasser

1,5 Tl Salz

1 Tl Zitronensaft

3 El Öl

Pfeffer

(evtl. Hefeflocken)

Zubereitung

1. Die Cashewkerne einige Stunden einweichen, eh klar.
2. Schäle die Kartoffeln, Karotten und die Zwiebeln und schneide sie in Würfel. Die müssen nicht besonders klein und schön sein - es wird später eh püriert.
3. Gib das Wasser in einen Topf und koche es auf.
4. Dann gib das Gemüse hinein und koche alles ein paar Minuten lang - bis es weich ist.
5. Nun kommen alle Zutaten inklusive Kochwasser in den Mixer. Mixe auf höchster Stufe bis eine cremige Soße entstanden ist.
6. Abschmecken.
7. Fertig

Tipps

- Diese Soße eignet sich hervorragend für Nudelgerichte - zum Beispiel Spaghetti. Das ist ein Kinderhit. Wenn sie abgekühlt ist, wird sie fester. Dann liebe ich sie als Brotaufstrich oder Dip für Rohkost. Sie eignet sich ebenso als Soße in Aufläufen, weil sie recht dickflüssig ist - fast ein bisschen wie Béchamelsoße. ;) Deshalb passt sie auch wunderbar zu Spargel und Co. Lecker.

- Du kannst die Soße einfrieren und bei Bedarf auftauen. Ich mache gleich immer etwas mehr davon - auf Vorrat.

- Die Mengenangaben der Gewürze habe ich bewusst niedriger gehalten. Aus meiner Erfahrung heraus macht es Sinn, das Feintuning erst nach der Zubereitung durchzuführen. Es kommt darauf an, wie Du diese Soße verwenden willst. Als Nudelsoße darf sie ruhig ein wenig würziger sein, als Dip sollte sie ein bisschen zarter im Geschmack sein.

- Es gibt noch eine weitere Variante dieser Soße - mit Kokosöl. Ich fand den Kokosgeschmack allerdings hier störend, deshalb verwende ich immer Olivenöl.

- Vorsicht bei der Zugabe von Knoblauch. Ich bin ein absoluter Knoblauchfan, aber in diesem Fall rate ich zur Zurückhaltung. Eine ganz feine Knoblauchnote ist der Kick bei dieser Soße. Der Geschmack wird aber hier schnell aufdringlich, deshalb lieber weniger verwenden, damit der Knoblauch nur von hinten durchspitzt. ;)

- Die Soße hat durch die Karotte eine tolle hellgelbe Farbe. Ganz ohne Kurkuma.

- Die Soße eignet sich auch zum Überbacken von Aufläufen. Sie wird sogar ein bisschen braun, allerdings nicht knusprig. Ich finde das ist eine gute Alternative zu einer Béchamelsoße.

- Im Kühlschrank hält sie sich etwa 4 bis 5 Tage.

STATT Obazda: mit Tempeh

Der "Obazda" ist eine bayerische Käsespezialität, die ursprünglich mit Camenbert aus Kuhmilch zubereitet wird. Übersetzt heißt der Name "Angebatzter", also zusammengemischt.

Das ist das einzige Rezept, für das ich Soja verwende - in Form von Tempeh, einer fermentierten Form der Sojabohne. Soll gesund sein, aber mein Grund ist eher der, dass es täuschend echt nach "Obazda" schmeckt. Wenn ihr ihn nicht kennt - probiert es doch mal aus. Eigentlich gehören frische "Brezn" und eine Mass Bier dazu, aber da wir hier eh schon alles ersetzen: Frisches Brot und Mineralwasser schmecken auch.

Zutaten

200 g Tempeh
75 g Margarine
100 ml Getreidemilch
1 El Hefeflocken
1 Zwiebel
Salz
Pfeffer
1 Tl Kümmel
1 El Rosenpaprika
1 Schluck Bier (optional)

Zubereitung

1. Schneide den Tempeh klein.
2. Schneide eine Hälfte der Zwiebeln in kleine Stückchen, die andere wird aufbewahrt für die Deko.

3. Blanchiere die Zwiebelstückchen kurz in der Pfanne, bis sie glasig werden.

4. Mixer an der Start: Weise Deinen Mixer an, alle Zutaten fein zu pürieren. Das geht in diesem Fall übrigens auch mit dem Pürierstab.

5. Stell den "Batz" für einige Stunden in den Kühlschrank, damit er gut durchkühlt.

6. Kurz vor dem Servieren: Schneide die zweite Hälfte der Zwiebel in dünne Streifen

7. Der Obazda wird oft als Kugel serviert. Du kannst dafür einen Eiskugelformer verwenden, ist aber kein Muss. Er schmeckt auch als "Haufen". Die frischen Zwiebelstreifen werden über den Obazda drapiert.

8. Fertig.

Tipps

- STATT der frischen Zwiebeln kannst Du auch Röstzwiebeln nehmen, schmeckt lecker.

- Die Zwiebeln anzubraten dient dazu, den Batz-Käse haltbarer zu machen. Du kannst auch frische Zwiebeln verwenden, wie das Original-Rezept vorschreibt. Dann darfst Du den Obazda jedoch gleich am selben Tag aufessen, denn am nächsten Tag sind die Zwiebeln bitter.

- Wenn Du Kümmel magst: Mische am Schluss noch ein paar ganze Kümmelsamen mit hinein, das gibt noch einmal einen besonderen Kick.

- Tempeh bekommst Du in jedem Biomarkt. Er ist für den typischen Camembert-Geschmack verantwortlich.

- Das wichtigste Gewürz in diesem Rezept ist eigentlich der

Rosenpaprika. Er gibt dem Obazda die Farbe und eine süßliche Note. Du kannst auch mehr verwenden, als angegeben.

- Andere Regionen in Deutschland haben ähnlich Käsegerichte. Mit Camembert wird zum Beispiel das Frankfurter Schneegestöber zubereitet. Ohne Camembert: der Hessesche, der Spundekäs (Rheinland-Pfalz) oder auch der Liptauer (Österreich, Slowakei).

- Dazu passen - wie bereits erwähnt - Brezeln, Dauerbrezeln oder frisches Brot.

- Außerdem gehört eigentlich ein kaltes Bier dazu. Man könnte aber auch eine schöne herbe Gundermann-Schorle dazu trinken. Gundermann ist ein Wildkraut, das hier bei uns überall wächst. Es wurde früher als Biergewürz verwendet - vor dem Hopfen. Klingt schräg? Einfach ausprobieren, es schmeckt lecker. Für die Schorle überbrühst Du einfach eine Hand voll Gundermann-Blätter mit einem halben Liter kochendem Wasser und lässt sie etwa 10 Minuten ziehen. Diesen Sud lässt Du abkühlen. Zitronenscheiben in eine Karaffe, Sud hinein und mit Mineralwasser auffüllen. Herb und frisch ...

- Der Obazda ist inzwischen übrigens geschützt. Erfunden hat ihn eine bayerische Wirtin, die einen zu reifen Camembert noch verwerten und unter die Leute bringen wollte. Wenn Camenbert überreif wird, dann schmeckt er extrem rass. Deshalb hat sie ihn mit Butter ver"batzt". Das ergab einen sanfteren Geschmack, der "Obazda" war der Biergarten-Renner - und ist es bis heute geblieben. Er darf sich nur Obazda nennen, wenn er mit den angegebenen Zutaten auf bayerischem Boden zubereitet wurde. Was die Zutaten anbelangt, erfüllt dieses Rezept fast alle Voraussetzungen - außer der Butter und dem Camembert. ;)

STATT Frischkäse: aus Mandeln

Frischkäse ist wirklich einfach nachzuahmen. Klar, dass auch hier der Zitronensaft eine wichtige Würzrolle spielt. Dieser Frischkäse wird mit Mandeln und Kokosfett zubereitet. Kokosfett ist etwas fester als Kokosöl, weshalb es sich perfekt für die Herstellung eines Frischkäse-Imitats eignet. Ich liebe diesen Dip zu rohem Gemüse. Da er nur Mandeln und Fett enthält kannst Du ihn gut auf Vorrat zubereiten und portionsweise einfrieren.

Zutaten

100 g Mandeln ohne Haut
50 g Wasser
30 g Kokosfett
2 El Zitronensaft
1/2 Tl Salz
1 Prise Pfeffer
Frische Kräuter (je nach Geschmack)

Zubereitung

1. Weiche die Mandeln ein und wasche sie nach dem Einweichen sehr gründlich ab.

2. Mixe alle Zutaten außer dem Kokosfett bis sie sich zu einem cremigen Teig verbinden.

3. Jetzt wird das Kokosfett erwärmt bis es schmilzt.

4. Gib das Kokosfett zum Teig im Mixer und mixe noch einmal alles kräftig durch.

5. Nimm die Masse heraus, schmecke noch einmal ab und hebe die Kräuter unter. Falls Du frische Kräuter verwendest, hacke sie vorher klein.

6. Ab in den Kühlschrank.

7. Fertig.

Tipps

- Das Einweichen und Abwaschen sorgt bei diesem Rezept nicht nur dafür, dass die Mandeln besser verdaulich sind, sondern es mildert auch den Eigengeschmack der Mandeln.

- Dieser Mandelfrischkäse ist der Hit auf jeder Grillparty, denn er eignet sich wunderbar als Dip für Gemüse oder für Grillkartoffeln.

- Du kannst ihn vorbereiten und einfrieren. Damit hält sich der Aufwand in Grenzen. Wenn Du fünf oder zehn Portionen im Voraus zubereitest und diese dann einfrierst, hast du immer Deinen pflanzlichen Frischkäse parat.

- Es müssen nicht immer die bekannten Küchenkräuter sein. Wie wäre es, wenn Du es einmal mit Knoblauchrauke, Gundelrebe oder Gänseblümchen probierst? Schmeckt wirklich lecker und die Blüten sehen darüber hinaus auch noch sehr dekorativ aus.

- Zwei Kräuter gebe ich eigentlich immer in diesen Frischkäse hinein. Zunächst ist das der Liebstöckel. Man nennt ihn auch Maggie-Kraut, das erklärt eigentlich alles. Und dann ist da noch die Zitronenmelisse. Sie unterstützt die sanfte Säure in diesem Frischkäse und untermalt sie mit ihrem zitronigen Aroma.

- Das Kokosfett schmeckt man im fertigen Frischkäse übrigens nicht heraus.

STATT Gebackener Camembert: mit Mohn

Gebackener Camembert ohne Camembert - geht das? Jo, das geht. Und zwar gar nicht mal so schlecht. Die innere cremige Konsistenz liefern Nüsse und Flohsamen. Für den leicht käsigen Geschmack sorgen Mohnsamen. Genau. DER Mohn, den Du normalerweise zum Backen verwendest. Der kommt in diesen Camembert hinein. Für den richtigen Biss sorgt Reispapier, das um die Masse gewickelt wird. Dann wird das Reispäckchen wie gewohnt paniert - mit dem Ergebnis, dass dieser "Ohne Käse"-Camenbert außen knusprig und innen wie gewohnt weich ist.

Zutaten

50 g Walnüsse
30 g Mandeln, blanchiert
3 El Flohsamenschalen
250 ml kochendes Wasser
2 El Öl
1 El Pflanzensahne
1 El Zitronensaft
1,5 El Mohn
1 Tl Salz
2 Tl Hefeflocken
1 Prise Pfeffer
1,5 Tl Senf
Reispapier

Zubereitung Grundmasse

1. Weiche die Nüsse und die Mandeln in Wasser ein - mindestens 3 Stunden, besser noch über Nacht.

2. Am nächsten Tag gießt Du das Einweichwasser ab.

3. Dann gibst Du alle *trockenen* Zutaten in ein hohes Gefäß.

4. Dann gibst Du den Senf, den Zitronensaft und das heiße Wasser hinzu.

5. Nun mixe alles mit einem Stabmixer sehr gründlich durch. Du kannst es auch in einen großen Mixer geben. Allerdings wird die Masse sehr pappig und mir ist es immer zu mühsam sie aus dem Mixbecher zu pfriemeln.

6. Die fertige Masse wird noch einmal abgeschmeckt und darf dann etwa eine halbe Stunde abkühlen. Diese Zeit brauchen die Flohsamenschalen, damit sie gelieren können. Sie ziehen die Flüssigkeit und quellen kräftig auf.

7. Nun geht es darum, die Masse in Form zu bringen. Dazu kannst du zum Beispiel ein breites Glas nehmen. Der Durchmesser sollte in etwa dem eines Camemberts betragen. Du kannst das Glas ruhig ganz füllen, denn zum Weiterverarbeiten brauchst Du eine Rolle. Nimm am besten eine Form, die sich nach oben gerade öffnet. Sonst bekommst Du die Masse nach dem Kühlen nicht mehr heraus.

8. Das Glas mit der Camembert-Masse kommt für eine Nacht in den Kühlschrank.

9. Am nächsten Tag ist alles fertig zur Weiterverarbeitung.

Zubereitung Camembert-Laibchen

1. Löse die Masse vorsichtig aus dem Glas und lege die Käseteigrolle auf Deine Arbeitsplatte. Du hast nun das Innere Deines gebackenen Camemberts vor Dir.

2. Schneide sie in etwa 1,5 Zentimeter dicke Scheiben - genauso dick wie einen Camembert.

3. Nimm das Reispapier und feuchte es gut an, lege es auf

eine ebene Fläche.

4. Das Reispapier ist rund. In die Mitte kommt eine Scheibe der Camembert-Masse.

5. Nun schlägst Du die Scheibe mit dem Reispapier ein - so eng wie es geht. Dasselbe machst Du mit einer zweiten Lage Reispapier - anfeuchten und um die Scheibe schlagen.

6. Jetzt hat Dein Camembert die richtige Form. Du kannst ihn jetzt entweder gleich wie gewohnt panieren und ganz normal braten, oder Du frierst die so vorbereiteten veganen Camembert-Laibchen ein. So hast Du immer die Basis für gebackenen Camembert im Haus.

Tipps

- Statt der oben genannten Reihenfolge, kannst Du die Flohsamenschalen auch erst quellen lassen und dann mit den anderen Zutaten vermengen. Ich bevorzuge die oben geschilderte Zubereitung, denn mit gequollenen Flohsamen lässt sich die Masse schwerer mixen.

- Reispapier gibt es im Asialaden in verschiedenen Größen. Es ist in der Packung hart, wird aber sofort weich, sobald es mit Feuchtigkeit in Berührung kommt.

- Du kannst, statt ein rundes Glas für die Form zu nehmen, auch Folgendes versuchen: Breite eine Bambusmatte auf Deiner Arbeitsfläche aus. Darauf kommt eine Frischhaltefolie und darauf wiederum kommt die Masse - etwa wie bei der Zubereitung von Sushi. Nur halt etwas größer. Jetzt kannst Du daraus wunderbar eine Wurst mit dem gewünschten Durchmesser rollen.

- Die Masse hält sich im Kühlschrank nur etwa 2 bis 3 Tage. Dann fängt sie an zu gären. Also besser einfrieren.

- Da die Masse ohne Reifung in der Konsistenz nicht wie Camembert daherkommt, macht sie im Rohverzehr meiner Meinung nach nicht so viel Spaß. Durch das Einwickeln, Panieren und Anbraten allerdings wirkt der Camembert täuschend echt wie das gebackene Original. Denn das Innere im Reispapier schmilzt, wenn es warm wird. Das Reispapier imitiert die Schale und der Mohn sorgt für den käsigen Geschmack. Angerichtet mit Preisselbeeren und Toast - lecker.

STATT Cheddar: aus Süßkartoffeln

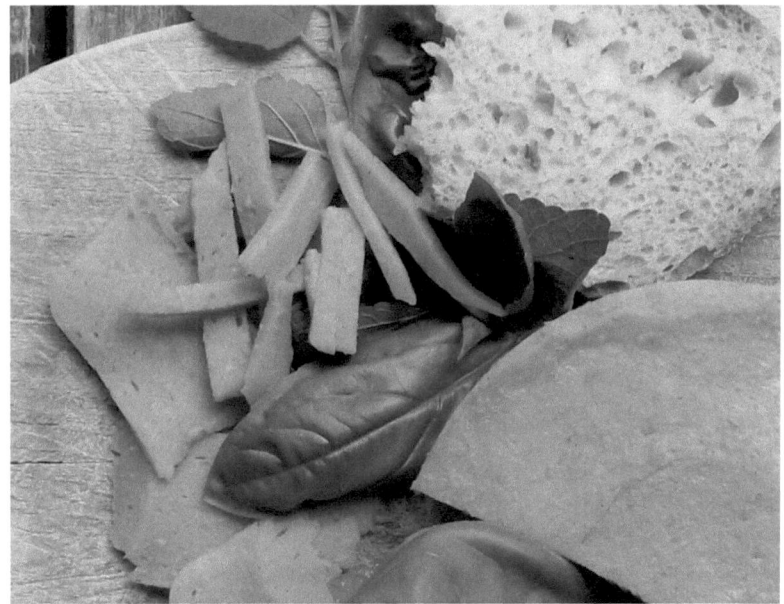

Schnittkäse ist eine Herausforderung. Der Geschmack ist nicht das Problem. Vielmehr ist es gar nicht so leicht, die richtige Konsistenz ohne Reifung oder Fermentierung hinzubekommen. Aber es geht - man muss nur dem Bindemittel ein wenig auf die Sprünge helfen. Das Ergebnis ist schnittfest und hat Biss - man kann es sogar reiben. Dieser Käse braucht Süßkartoffeln, die übrigens eine echt gute Kalziumquelle sind.

Zutaten (ergibt ca. 570 g Masse)

125 ml Wasser
80 g Haferflocken
170 g Süßkartoffel gekocht
50 g eingelegte Paprika (in Essig und Öl eingelegt)

50 g Zwiebel

1 Knoblauchzehe

3 bis 4 El Hefeflocken

1/2 El Parikapulver

2 Tl Salz

1 Tl Rauchsalz

1 Msp Pfeffer

1 El Zitronensaft

125 ml Wasser oben drauf

1,5 El Agar Agar

200 ml Wasser

Zubereitung

1. Schäle die Süßkartoffel, schneide sie in kleine Stücke und koche sie weich. Das dauert etwa 10 Minuten.

2. Nun kommen alle Zutaten der Reihe nach in den Mixer - das Wasser zuerst, dann die Zutaten (bis auf das Agar) und am Schluss der zweite Teil des Wassers.

3. Püriere die Zutaten.

4. Nun ist die Masse fertig. Schmecke sie noch einmal ab und ergänze gegebenenfalls noch das ein oder andere Gewürz.

5. Jetzt kommt das Agar-Agar an die Reihe.

6. Gib das Pulver samt 200 ml Wasser in einen Topf und koche es auf.

7. Rühren, rühren, rühren. Lass die Agar-Pampe mindestens 5 Minuten lang köcheln. Dabei ist es wichtig, dass Du dabei bleibst und rührst. Sonst brennt es an.

8. Nach 5 Minuten: Gib die Süßkartoffel-Masse zu dem Agar Agar in den Topf und rühre weiter. Jetzt darf das Ganze noch einmal mindestens 5 Minuten köcheln. Nicht aufhören zu rühren.

9. Während des Kochens wird die Masse immer zähflüssiger. Das ist in Ordnung so, denn Dein Ziel ist ja ein Schnittkäse.

10. Welche Form soll Dein Käse haben? Jetzt darfst Du entscheiden, indem Du die passenden Schüsseln wählst.

11. Fülle die Masse in die Schalen und streiche die Oberfläche glatt.

12. Ab in den Kühlschrank. Während der Kühlens härtet der Cheddar-Fake noch einmal zusätzlich nach.

Tipps

- Welche Konsistenz Dein Käsefake hat, hängt davon ab, ob das Agar Agar Gelegenheit bekommt, seine volle Bindekraft zu entfalten. Deshalb ist es wichtig, dass es fünf bis zehn Minuten köcheln darf. Meist wird auf der Anleitung der Verpackung angegeben, das Agar nur aufkochen zu lassen. Das ist in Ordnung, wenn Du Jelly haben willst. Für den Schnittkäse brauchen wir mehr Power.

- Achte darauf, dass Du Agar-Agar in *Pulver*form verarbeitest. Falls Du Flocken hast, dann brauchst Du mehr davon. Sie sind nicht so kraftvoll wie das Pulver, warum auch immer.

- Jedes Mal, wenn ich mit Agar-Agar arbeite haut es mich erst einmal um. Das Zeug riecht zu Beginn wirklich fies nach Algen. Aber keine Angst: Davon riecht und schmeckt man später überhaupt nichts mehr.

- Diesen Käse-Fake kannst Du auch zum Überbacken verwenden. Er zerfließt, wenn er heiß wird. Und er wird sogar ein bisschen knusprig.

- Wenn der Käse ausgekühlt ist, kannst Du ihn noch mit einer

Kräutersalzhülle versehen. Dazu gibst Du ein wenig Kräutersalz in ein Schüsselchen und wälzt das Laibchen darin. Dann legst Du es auf ein Gitter und kühlst es noch einen Tag. Stell einen Auffangteller darunter, sonst hast Du einen See im Kühlschrank. Für das Kräutersalz nimmst Du ein wenig Salz (Vorsicht, nicht zu viel) und getrocknete Kräuter Deiner Wahl. Du kannst ihn auch in Pfeffer/Salz oder Paprika/Salz wälzen.

- Das Wälzen in der Salzmischung hat mehrere Effekte: Zum einen zieht das Salz noch einmal Flüssigkeit aus dem Laibchen - das heißt, der Käse wird noch einen Tick fester. Zum anderen wird er dadurch sehr intensiv im Geschmack. Das ist gut, wenn Du den Cheddar-Fake vor allem als Brotbelag essen willst.

- Süßkartoffeln haben den Ruf, leicht bitter zu werden, wenn sie nicht direkt nach dem Kochen verzehrt werden. In diesem Rezept konnte ich dies nicht feststellen.

- Der Cheddar-Fake hält sich im Kühlschrank fünf bis sechs Tage. Du kannst ihn auch einfrieren, allerdings geht dann viel von der Konsistenz verloren.

- Ich bereite deshalb von der Grundmasse jeweils mehrere Portionen (auch, weil die meisten Süßkartoffeln mehr wiegen als 170 g) vor. Diese friere ich dann ein - erst einmal ohne Agar-Agar. Die Masse ohne Agar ergibt nämlich auch eine legendäre Nudelsoße.

- Je nach Bedarf hole ich die Portionen aus dem Gefrierschrank, mache daraus eine Nudelsoße oder verarbeite sie mit Agar zu Streichkäse oder Schnittkäse.

STATT Schnittkäse: aus Sonnenblumen

Dies ist ein weiterer Schnittkäse, der dieses Mal auf Sonnenblumenkernen basiert. Die Grundzutaten zu diesem Käse sind alle regional. Das ist ein Vorteil. Wenn Dir Regionalität wichtig ist, dann kannst Du auch bei den Gewürzen variieren.

Zutaten

100 g Sonnenblumenkerne
50 g Haferflocken
1 kleine gekochte Kartoffel
1 kleine Zwiebel
1/4 Tl Cayennepfeffer
3 El Hefeflocken
1 Knoblauchzehe
1/4 Tl Kurkuma
Saft einer Limette
2 El Misopaste
250 ml Wasser

2 El Agar-Agar

150 ml Wasser

Zubereitung

1. Weiche die Sonnenblumenkerne mindestens eine halbe Stunde ein.
2. Bereite das Agar-Agar zu. Rühre das Agar Agar mit dem Wasser an und koche es auf. Dann lass es unter Rühren (!) 10 Minuten sibbern.
3. Lasse das Agar abkühlen - es wird fest.
4. Gib alle anderen Zutaten bis auf das Kurkuma in einen Mixer und mixe sie zu einer sämigen Paste.
5. Nun gib das Kurkuma in kleinen Teilen hinzu, bis Dir die Farbe gefällt.
6. Noch einmal abschmecken.
7. Damit der Käse auch "schnittig" wird, brauchen wir das Agar-Agar in dieser sämigen Masse.
8. Gib das Agar-Agar dazu und mixe alles noch einmal, bis es sich verbunden hat.
9. Nun kannst Du die Masse in Förmchen füllen - je nachdem welche Form Dein Käse haben soll: rund, eckig, hoch, flach … Du entscheidest.
10. Der Kühlschrank gibt dem fertigen Käse noch einmal mehr Festigkeit.

Tipps

- Nimm Agar-Agar *Pulver*. Das ist am wirkungsvollsten. Es erreicht die Festigkeit nur, wenn Du es wirklich länger köcheln lässt.

- Wenn Du einen pikanteres Aroma erzielen willst, dann nimm zusätzlich noch Rauchsalz oder Rauchpaprika dazu.

- Das Miso und die Hefeflocken geben den leicht käsigen Geschmack.

- Du kannst den fertigen Käse noch in getrockneten Kräutern wälzen, oder ihn mit gerösteten Sonnenblumenkernen bestreuen.

- Der Käse schmilzt, wenn er erwärmt wird, aber er ist nicht optimal zum Überbacken, denn er wird nicht besonders knusprig, sondern zerfließt einfach nur.

Danke

An dieser Stelle ist es Zeit "Danke" zu sagen bei jenen Menschen, ohne die es dieses Buch nicht geben würde.

Zu allererst gebührt mein Dank einmal mehr meiner wunderbaren Tochter, die ganz viel für dieses Buch getan hat. Sie probiert tapfer all die Rezepte, die ich anschleppe. Du bist die mutigste Testesserin, die ich mir nur wünschen kann. Wenn Du nickst, dann weiß ich, das Rezept kann ins Buch. Und oft genug hast Du ohne Murren mit "Ersatz-Tomaten-Nudeln" vorlieb genommen, wenn es wieder mal daneben gegangen ist und Dein Daumen nach unten ging. Außerdem hast Du an so manchem Tag viele Stunden gewartet, wenn Deine Mama die Nase mal wieder "ins Buch" gesteckt hat und erst nach Stunden spielen gekommen ist. Danke, mein Schatz, für Deine Geduld und Deine Ehrlichkeit. Ohne Dich wäre keines meiner Bücher entstanden.

Danke auch an meine Eltern. Ihr glaubt an mich und unterstützt mich, wo es Euch nur möglich ist. Ohne Euer Zusprechen wäre mir oft die Luft ausgegangen. Eure Anmerkungen und Hinweise zum Rohmanuskript haben mir viele fiese Patzer erspart, die mir sonst einfach durchgerutscht wären.

Ein herzliches Dankeschön geht an Anna Maria Winklehner. Obwohl Du in einer Gegend aufgewachsen bist, die von Milchwirtschaft lebt, und obwohl Du ein absoluter Kuhmilchkäse-Fan bist, warst Du offen für mein Buch und hast Dich durch das Manuskript gelesen. Deine Hinweise waren so wertvoll für mich - auch die kritischen. ;) Ebenso möchte ich Ilona Trettin dankedankedanke sagen. Dein sicherer Blick für Unstimmigkeiten ist phänomenal.

Last but not least geht mein Dank an all meine LeserInnen des ersten Buches "STATT Milch" - insbesondere an jene, die sich die

Mühe gemacht haben, eine Rezension zu schreiben. Diese Rezensionen sind so wertvoll für uns Autoren - Lob und Kritik gleichermaßen. Denn nur durch diese Rezensionen können andere Leser einschätzen, ob sie aus dem Buch einen Nutzen ziehen können. Und ich weiß, es ist nicht selbstverständlich, sich nach dem Lesen noch einmal hinzusetzen und eine Bewertung abzugeben. Danke dafür.

Ihr habt mich motiviert, diese Buch-Reihe weiter auszubauen. Das rege Interesse am ersten anSTATTdessen-Buch hat mir gezeigt, dass immer mehr Menschen beginnen, über ihren Konsum nachzudenken. Euer Lob hat mich sehr gefreut und die meisten Eurer Anregungen sind in diesem Buch bereits zur Umsetzung gelangt.

Die Autorin

Ich würde ja gerne berichten, dass ich schon immer geschrieben oder zumindest davon geträumt habe. Das stimmt leider so nicht. In der Schule hatte ich eine 4 in Deutsch - und ich habe dieses Fach gehasst. Vielleicht lag das an dem komischen Deutschlehrer, der uns ein Jahr lang verboten hat, Wörter mit "ung" zu verwenden. Aber ich hatte Glück. Der Herr ist nach diesem einem Jahr in Rente gegangen und ich durfte wieder normale Wörter benutzen.

Dass das Spiel mit Buchstaben, Wörtern, Sätzen und Geschichten cool ist, habe ich erst mit knapp über 20 bemerkt. Damals bekam ich die Chance, eine IT-Zeitschrift mit aus der Taufe zu heben - und war fasziniert. Seit diesem Zeitpunkt hat mich das Schreiben nicht mehr losgelassen.

Sicherlich, die Themen haben sich in diesen zwei Jahrzehnten komplett geändert. Ich schreibe heute nicht mehr über Technik und Wirtschaft, sondern über Alltags-, Natur- und Konsumthemen.

Anfang 2015 ging mein Blog "anSTATTdessen" an den Start, auf dem ich regelmäßig Alternativen zu "industriellen Gewohnheiten" vorstelle - und zwar aus der Sicht einer Konsumentin (die ich ja schließlich auch bin) für Konsumenten (die meine LeserINNEN ja schließlich auch sind).

"STATT Käse" ist das zweite Buch einer Ratgeber-Reihe, die die kostenlosen Artikel auf dem Blog ergänzen und vertiefen. Weitere Bücher sind geplant.

Ach ja, Privates gibt es ja auch noch: Ich lebe mit meiner Familie in der Nähe von München und benutze sooft ich nur kann Wörter, die auf "ung" enden.

Mehr über mich gibt es auf meinem Blog:
http://anstattdessen.de/wer-macht-das-hier/

Anstattdessen - der Blog

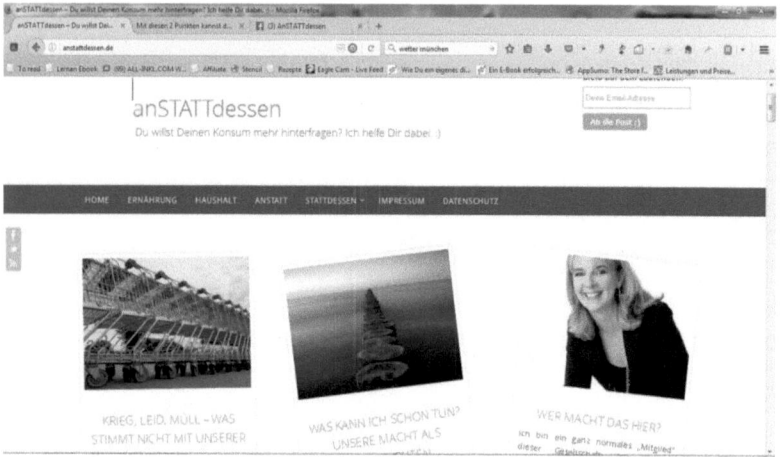

AnSTATTdessen ist ein Blog, der sich seit 2015 mit bewusstem Konsum beschäftigt.

Wir kaufen ständig und andauernd, der tägliche Konsum wird mehr und mehr zur Herausforderung. Genau dieser Konsum ist es aber auch, der uns Konsumenten eine ungeheure Macht in die Hand gibt - wenn wir bewusst konsumieren.

Auf dem Blog gibt es regelmäßig Infos zu Themen, die es wert sind, hinterfragt zu werden, auch wenn sie scheinbar noch so selbst-verständlich sind. Vor allem aber gibt es dort Tipps, was man STATT Fertigprodukten und Giftcocktails konsumieren kann. Es geht nicht um Verzicht, sondern um bewussten Konsum, bewussten Umgang mit der Welt, in der wir leben. Es geht um kleine Veränderungen, die wir in unserem Alltag vornehmen können – aus was für Gründen auch immer.

Die Buchreihe "anSTATTdessen-Ratgeber" ergänzt und vertieft die auf dem Blog beschriebenen Themen. Die Bücher sind als Ebook und Taschenbuch online und im Buchhandel erhältlich.

www.anSTATTdessen.de

Noch ein Buch der Autorin

STATT Milch - wie Du Milch ganz leicht ersetzen kannst

Egal aus welchem Grund Du die Milch ersetzen willst, die Fragen zu Beginn einer Ernährungsumstellung sind immer gleich:

Wie fange ich an?
Kann ich dann noch normal essen?
Was hat Milch bisher für mich getan?
Welche Zutaten können die Jobs der Milch übernehmen?

Dieses Buch liefert Dir die Antworten auf diese Fragen. Es hilft Dir, die Umstellung Schritt für Schritt in Deinen Alltag einzubauen - egal, ob die Kuhmilch nur zum Teil oder komplett aus Deinem Leben verschwinden soll.

Du bekommst Tipps, wie Du versteckte Milch in Nahrungsmitteln erkennst und die Zutaten findest, die Kuhmilch ersetzen können. Du erfährst, wie Du Milchkaffee, Eis oder Sahnesoße ohne Kuhmilch zubereitest und dabei alle wichtigen Nährstoffe in Deinen Speiseplan einbaust.

Außerdem: 25 erprobte Rezepte beliebter Gerichte, die normalerweise Milch oder Milchprodukte enthalten.

Unter anderem findest Du Alternativen OHNE Kuhmilch und OHNE Soja für:

Kaffeeweißer
Sahne
Sour Cream
Butter bzw. Margarine
Joghurt
Kräuterquark
Sauce Bechamel
Kuchenstreusel
Weihnachtsplätzchen

Bevor Du gehst...

Vielen Dank für Deine Zeit und Dein Interesse. Ich hoffe, dieses Buch hat Dir gefallen und Du hast viele Ideen mitgenommen, wie Du Käse bewusst ersetzen kannst.

Wenn ja, dann wäre es toll, wenn Du mir eine Rezension schenkst. Damit wäre mir sehr geholfen. Jede Rezension hilft mir, diese Buchreihe auszubauen und bestmöglich umzusetzen. Und interessierten Menschen hilft es, die Informationen in diesem Buch richtig einzuschätzen.

Auch über Feedback freue ich mich. Hast Du Ideen? Oder Fragen? Du kannst mir direkt eine Email schreiben oder auf dem Blog kommentieren.

Hier sind die direkten Kontaktlinks

Blog: www.anstattdessen.de
Email: info@anstattdessen.de
Facebook: https://www.facebook.com/anstattdessen/

Danke

Quellen

Gesetzestexte

Gesetz über den Verkehr mit Milch, Milcherzeugnissen und Fetten:
Error! Hyperlink reference not valid.
Käseverordnung:
http://www.gesetze-im-internet.de/bundesrecht/k_sev/gesamt.pdf
Milcherzeugnisverordnung:
http://www.gesetze-im-internet.de/milchv/BJNR011500970.html

Ministerien
Ernährung:
http://www.bmel.de

Verbraucherschutz:
http://www.bmjv.de

Gesundheit:
http://www.bundesgesundheitsministerium.de/

Informationen zu Inhaltsstoffen und Zutatenlisten von Produkten:
www.codecheck.info
www.das-ist-drin.de
www.vegancheck.de
www.lebensmittellexikon.de

Organisationen Tierschutz u.a.
www.vebu.de
www.peta.de

Fakten zu Käse, zur Milch, den Milchkühen und der Industrie

Allgemeine Marktdaten:
http://www.milchindustrie.de/fileadmin/Dokumente/Marktdaten/F
akten_Milch_Oktober_2016_A4.pdf

Nachfrage nach Milchprodukten in Deutschland:
http://www.milchindustrie.de/marktdaten/verbrauch-nachfrage

Prokopf-Verbrauch in Deutschland:
http://www.milchindustrie.de/uploads/tx_news/ProkopfDeutschla
nd_Mopro_2009-2015x_Homepage_01.pdf

Auswertungs-   und   Informationsdienst   für   Ernährung,
Landwirtschaft und Forsten (aid) e.V.: Www.aid.de

Inhaltsstoffe:
http://www.chemieunterricht.de/dc2/milch/m-zustzg.htm

http://www.chemieunterricht.de/dc2/milch/m-eiw.htm

Herstellung:
https://ich-liebe-kaese.de

Lab:

Labkraut:
http://www.kraeuter-vielfalt-
franken.de/aktuelleinfos/848.Unsere_Pflanze_des_Monats_-
April.html

Kälberlab: https://de.wikipedia.org/wiki/Lab

Allgemeine Infos:
https://www.biorama.eu/milchwirtschaft-und-milchviehhaltung/

Deutsche Gesellschaft für Ernährung e. V. (DGE):
www.dge.de

Wie viel Liter Wasser wird benötigt, um einen Liter Milch zu produzieren?
Wasser-Footprint:
http://www.tu-berlin.de/?id=119178

Fermentierung
http://www.chemieunterricht.de/dc2/milch/molke.htm

http://www.bernd-leitenberger.de/fermentierte-milcherzeugnisse.shtml

Milch, Käse und Gesundheit

http://www.bundesgesundheitsministerium.de/
Studie "Ernährungsphysiologische Bewertung von Milch und Milchprodukten und ihren Inhaltsstoffen", Max Rubner Institut für das Kompetenzzentrum Ernährung, Bayern, November 2014:
https://www.mri.bund.de/fileadmin/MRI/News/Dateien/Ern%c3%a4hrungsphysiolog-Bewertung-Milch-Milchprodukte.pdf#page=7&zoom=auto,-107,469

Aminosäuren und Nährstoffe

http://www.chemieunterricht.de/dc2/milch/ag-eiw.htm

Eiweiß

www.peta.de/veganismus-und-die-sache-mit-dem-
protein#.WDLu3n3GBC8

http://vitamine-
ratgeber.com/aminosaeuren/#Aminosaeuren_in_der_Ernaehrung
smedizin

Tryptophan
https://de.wikipedia.org/wiki/Tryptophan

Amerikanisches   Landwirtschaftsmuseum,   landwirtschaftlicher
Forschungsdienst: „Nutrient Data Laboratory," August 2005

Interessante Blogs mit Rezepten:
Nur eine Auswahl der unendlich vielen spannenden Blogs im
Internet. Die Liste erhebt keinen Anspruch auf Vollständigkeit und
die Reihenfolge soll keine Bewertung darstellen:

www.vegan-und-lecker.de
fraujupiter.blogspot.de
www.veganblatt.com
squirrel-of-nom.blogspot.de
foodbyhon.wordpress.com
zumursprungzurueck.com
www.smarticular.net
www.schwatzkatz.de
www.kochtrotz.de
www.kochenohne.de
http://veganheaven.de
Www.vegan-und-lecker.de